Jürgen Brater

ICH BIN ALT,
ICH DARF DAS!

Jürgen Brater

ICH BIN ALT, ICH DARF DAS!

Von der wundervollen Freiheit, nicht mehr jung sein zu müssen

riva

Bibliografische Information der Deutschen Nationalbibliothek

Die Deutsche Nationalbibliothek verzeichnet diese Publikation in der Deutschen Nationalbibliografie; detaillierte bibliografische Daten sind im Internet über http://d-nb.de abrufbar.

Für Fragen und Anregungen

info@rivaverlag.de

Wichtiger Hinweis

Ausschließlich zum Zweck der besseren Lesbarkeit wurde auf eine genderspezifische Schreibweise sowie eine Mehrfachbezeichnung verzichtet. Alle personenbezogenen Bezeichnungen sind somit geschlechtsneutral zu verstehen.

Originalausgabe

1. Auflage 2022

© 2022 by riva Verlag, ein Imprint der Münchner Verlagsgruppe GmbH

Türkenstraße 89

80799 München

Tel.: 089 651285-0

Fax: 089 652096

Redaktion: Petra Holzmann

Umschlaggestaltung: Manuela Amonde

Umschlagabbildung: Shutterstock.com/Roman Samborskyi, Anton Mukhin

Satz: Daniel Förster, Belgern

Druck: CPI

Printed in the EU

ISBN Print 978-3-7423-2101-5

ISBN E-Book (PDF) 978-3-7453-1873-9

ISBN E-Book (EPUB, Mobi) 978-3-7453-1874-6

Wir produzieren
nachhaltig
www.m-vg.de

Weitere Informationen zum Verlag finden Sie unter

www.rivaverlag.de

Beachten Sie auch unsere weiteren Verlage unter: www.m-vg.de

»Alt werden ist eine großartige Freiheit.«

Claire Bretécher,
französische Autorin, 1940–2020

Inhalt

»Jetzt sind die guten alten Zeiten, nach denen
wir uns in zehn Jahren zurücksehnen.«

Peter Ustinov,
britischer Schauspieler und Schriftsteller, 1921–2004

Die Freiheit nehm ich mir

Montagmorgen.

Durch halb geschlossene Lider blinzle ich zur Uhr auf dem Nachtkästchen. Dabei weiß ich genau, dass es halb sieben ist, ein paar Minuten hin oder her. So wie jeden Morgen. Auf meine Blase ist halt Verlass. Seufzend schäle mich aus dem Bett und tappe zur Toilette. Drei Minuten später krieche ich wieder unter die warme Decke. Ein Blick zur Seite: Ella hat die Augen noch fest geschlossen. Das bedeutet, ich soll sie bitte nicht ansprechen. Im Wegdösen höre ich, wie im Nachbarhaus die Rollläden hochgezogen werden und der junge Mann aus dem Stockwerk über uns die Treppe herunterkommt. Die Arbeit ruft. Ihn, mich nicht. Einen kurzen Moment blitzt in mir der gehässige Wunsch auf, ihm viel Spaß im Job zu wünschen, doch nein, das würde ich selbst dann nicht tun, wenn ich dazu nicht ins Treppenhaus schlappen müsste. Schließlich ist mir durchaus an einer harmonischen Nachbarschaft gelegen.

Kurz denke ich daran, dass ich früher um diese Zeit auch schon eine ganze Weile zugange war, dann schlummere ich wieder ein. Als ich das nächste Mal erwache, ist es kurz nach acht. Ich denke noch eine Weile über meinen letzten Traum nach, dann wende ich mich Ella zu, die mich jetzt fröhlich anlächelt. Wir geben uns einen Guten-Morgen-Kuss, dann stehe ich auf, schlüpfe in meinen Bademantel und schlurfe die Treppen hinunter zum Briefkasten, um die Tageszeitung zu holen. Während ich meinen Blick gähnend über die Schlagzeilen wandern lasse, höre ich, wie Ella in der Küche die Kaffeemaschine in Gang setzt. Im Bett treffen wir uns wieder. Ich teile die Zeitung in zwei Hälften, und dann lesen wir beide – jeder hin und wieder an dem dampfenden Getränk nippend –, was es auf der Welt Neues gibt. Abwechselnd geben wir zu diesem und jenem Ereignis Kommentare ab, Ella liest mir den Wetterbericht vor, und ich freue mich, dass der heimische Fußballverein sein Auswärtsspiel gewonnen hat.

Das geht so bis etwa neun, halb zehn, dann stehen wir endgültig auf. Nachdem wir uns nacheinander im Bad zurechtgemacht oder – etwa jeden dritten Tag – geduscht haben, bereitet Ella, eine Melodie vor sich hin summend, das Frühstück vor, und ich mache mich auf den Weg zum nahe gelegenen Bäcker. Dort kaufe ich, wie jeden Morgen, drei Krustenbrötchen, erkundige mich bei der freundlichen Verkäuferin, während sie die Backwaren einpackt und mir Wechselgeld herausgibt, nach ihren kleinen Zwillingen, und bin eine Viertelstunde später schon wieder zu Hause. Vom Esstisch duften mir Wurst, Käse, Marmelade und ein frisch gekochtes Ei entgegen. Orangensaft leuchtet gelb aus zwei Gläsern. Das Frühstück ist für Ella und mich die tägliche Lieblingsmahlzeit, die wir, weiter Zeitung lesend, das darin enthaltene Kreuzworträtsel lösend und über dieses und jenes plaudernd, locker auf eineinhalb bis zwei Stunden ausdehnen können. Und während ich genüsslich in ein knuspriges Brötchen beiße, frage ich Ella, was heute ansteht. Das ist außer einem Termin beim Physiotherapeuten – Ella hat seit ein paar Wochen Probleme mit ihrem rechten Ellenbogen – nicht viel, darum beschließen wir, das schöne Wetter zu nutzen und zuerst einmal einen ausgiebigen Spaziergang durch den nahen Wald zu unternehmen.

Auf halber Strecke steht dort eine Bank mit in Herzen einge-ritzten Initialen ehemaliger und aktueller Liebespaare, manche sogar mit exakter Datumsangabe. Dort legen wir eine Pause ein und lassen den Blick über eine von Gebüsch umgebene Wiese schweifen, auf der um diese Zeit immer mal wieder Rehe zu sehen sind. Doch heute bleibt die Bühne leer. Nur ein Hase hoppelt un-schlüssig mal hier-, mal dorthin. Sieht aus, als suche er etwas. Ein Geschlechtspartner kann es um diese Jahreszeit eigentlich nicht sein. Aber wer weiß schon, was in so einem Hasenhirn vorgeht? Auf dem Weiterweg lässt sich kurz ein Eichhörnchen blicken, das an einer Douglasie hochsaust, dann ist es auch schon wieder im Geäst verschwunden. Wenige Minuten später hören wir von fern das charakteristische Klopfen eines Schwarzspechts und kurz da-rauf auch seinen unverwechselbaren Ruf. Wer mit wachen Sinnen durch die Natur geht, für den ist sie wie ein Theater. Stets gibt es etwas Neues zu sehen und zu hören und manchmal sogar zu rie-chen. So wie etwa eine knappe halbe Stunde später, als uns am Rand einer Fichtendickung das unverkennbare Aroma von Sup-penwürze entgegenschlägt. Schwarzwild! Die Sauen müssen ganz in der Nähe stecken. Mein Jägerherz schlägt schneller, aber Ella hat keine Lust auf ein Zusammentreffen mit den borstigen Gesellen, und so spazieren wir weiter, ohne der Sache auf den Grund zu gehen.

Mein Smartphone piept: WhatsApp-Nachricht. Ich blicke auf das Display und lese Ella die Meldung vor: »Hallo, ihr zwei Hübschen. Wir treiben uns mit unserem Camper gerade am Lago Maggiore herum. Hättet ihr nicht Lust, auch zu kommen? Das Wetter ist traumhaft, und wir könnten ein paar vergnügte Tage miteinan-der verbringen. Liebe Grüße M. u. M.«

M. u. M., das sind Michael und Michaela. Zwei alte Freunde aus Augsburg, mit knapp über 70 etwa gleich alt wie wir. Früher ha-ben Bekannte sie immer wieder damit aufgezogen, sie hätten sich bestimmt nur wegen der Namensgleichheit zusammengetan, aber die Geschichte fand irgendwann niemand mehr witzig, und seither freuen Ella und ich uns jedes Mal aufrichtig, wenn wir von den beiden hören. Seit ungefähr drei Jahren nutzen sie die Freiheit des Rentnerlebens, um mit ihrem Wohnmobil kreuz und quer durch Europa zu touren. Und ein paarmal haben wir uns tatsächlich irgendwo verabredet, haben selbst ein solches Gefährt gemietet und fröhliche Tage miteinander verbracht. Etwa auf Usedom, im Bayerischen Wald am Fuß des Großen Arbers, aber auch weiter weg in Apulien und der Provence. Das letzte Mal am Plattensee in Ungarn.

»Lago Maggiore«, sage ich zu Ella und blicke sie verträumt an. »Da ist der Comer See nicht weit.«

»Du meinst …?«, fragt sie nachdenklich.

»Warum nicht?« Ich nicke lächelnd. »Wir waren länger nicht mehr bei Gianna und Damiano. Hättest du Lust?«

Gianna heißt mit vollem Namen Gianna Loredani. Gemeinsam mit ihrem Mann Damiano betreibt sie oberhalb des Comer Sees ein prächtiges Agriturismo, also so etwas wie einen Ferien-Bauernhof, wobei es sich genau genommen eher um eine kleine Obstplantage handelt, der ein uriges Restaurant, ein kleines Schwimmbecken und mehrere Gästezimmer angeschlossen sind. Ella und ich haben dort schon mehrfach wundervolle Tage verbracht und mit Rotwein am Pool den herrlichen Ausblick auf den See und anschließend Giannas Kochkünste genossen: Pasta in allen möglichen Variationen, Fleischgerichte wie Ossobuco, Tagliata di Manzo oder Saltimbocca alla Romana, Fisch gekocht und gebraten, und nicht zuletzt Ellas Favoriten: köstliche Meeresfrüchte mit allerlei duftenden Zutaten. Mittlerweile sind wir mit den Gastgebern per Du, und ich bin sicher, dass sie uns, wenn ich jetzt anriefe, mit Freude ein paar Tage bei sich aufnähmen, um uns zu verwöhnen. Wir könnten Schiffstouren auf dem See machen, stundenlang durch das wunderschöne Bellagio bummeln, in einem dortigen Restaurant am See tafeln und uns dabei den einen oder anderen guten Tropfen munden lassen. Wirklich verlockende Aussichten.

Ella wiegt den Kopf nachdenklich hin und her. »Klingt echt super. Aber denk an meine Physiotherapie. Und du hast am Freitag einen Zahnarzttermin.«

»Ließe sich beides problemlos verschieben.«

»Ja, sicher.« Sie denkt einen Augenblick konzentriert nach. Das erkennt man bei ihr daran, dass sie dabei immer die Augen nach oben dreht, so, als fände sie am Himmel die Erleuchtung. Dann spricht sie weiter: »In 14 Tagen feiert Ludwig seinen Siebzigsten. Da haben wir zugesagt. Der wäre bitter enttäuscht, wenn ...«

Ich lasse sie nicht ausreden. »Da wären wir längst wieder zurück. Also, was ist?«

Sie lächelt mich lieb an. »Bist du mir böse, wenn ich Nein sage? Ich hab' irgendwie grad keine Lust zum Verreisen. Ich weiß auch nicht, warum.«

Ich lege meinen Arm um sie und ziehe sie ein wenig näher zu mir her. »Ach wo. Dann eben ein andermal. Aufgeschoben ist bekanntlich nicht aufgehoben. Aber ...« Ich drücke ihr einen Kuss auf die Nasenspitze.

»Aber was?«

»Ist es nicht herrlich, jederzeit einfach so mir nichts, dir nichts abhauen zu können? Ohne große Planung und Vorbereitung, einfach so?«

»Das stimmt«, pflichtet Ella mir bei. »Und ohne zu wissen, wann man wieder zurückkommt. Das hat schon was.«

Und während sie das sagt, tippe ich in mein Smartphone: »Lieb gemeint, danke. Aber zurzeit haben wir schlicht keinen Bock auf Reisen. Ein andermal gern. Euch noch viel Spaß in Bella Italia.«

»Liebst du das Leben? Dann vergeude keine
Zeit, denn daraus besteht das Leben.«

Benjamin Franklin,
amerikanischer Schriftsteller und Staatsmann, 1706–1790

Das größte Geschenk: Zeit

Tatsächlich haben wir das schon öfter gemacht. Ganz spontan verreisen, meine ich. Meist mit einem halbwegs konkreten Ziel, mehrfach aber auch einfach drauflos, ohne zu wissen, wo der Ausflug enden würde. Und wann.

Das ist vielleicht das Beste am Ruhestand: dass man auf einmal jede Menge Zeit hat. Dass man ganz spontan, gewissermaßen aus dem Bauch heraus, entscheiden kann, was man tun will. Ja, dass man sogar auch dann kein schlechtes Gewissen haben muss, wenn man mal gar nichts tut. Weil man deswegen niemandem Rechenschaft schuldet. Und natürlich auch, dass »Stress« auf einmal ein Fremdwort ist.

Das wird mir schon am nächsten Morgen wieder sehr bewusst, als ich durchs Treppenhaus zum Briefkasten tappe, um die Zeitung zu holen. Da treffe ich nämlich auf Philipp. Der wohnt in unserem Haus im zweiten Stock, ist Realschullehrer und hat mir so früh am Tag gerade noch gefehlt. Wie erwartet, fängt er bei meinem Anblick sofort an, heftig zu jammern. Über die Scheißschule mit dem Scheißschulleiter und vor allem den Scheißschülern, die sich für nichts, aber auch gar nichts interessieren. Dabei ist Biologie doch ein hoch spannendes Fach, und Chemie nicht minder. Findet jedenfalls Philipp. Dass ich einmal von einem Bekannten, zufällig Vater einer seiner Schülerinnen, erfahren habe, Philipp strahle nach Aussage seiner Tochter permanent eine geradezu penetrante Lustlosigkeit aus und mache einen derart stinklangweiligen Unterricht, dass ihm – wie bei einer Predigt in der Kirche – beim besten Willen niemand zuhören könne, binde ich ihm jetzt besser nicht auf die Nase. Sonst wird es heute nichts mehr mit Frühstück. Fast habe ich schon gehofft, er würde sich wenigstens die sonst übliche Bemerkung verkneifen, wie gut ich es als Ruheständler doch hätte, so ganz ohne Vorgesetzte, Stress und ebenso undankbare wie unbelehrbare, dazu noch katastrophal schlecht erzogene Halbwüchsige. Doch da habe ich mich zu früh gefreut. Während Philipp sich in seine üblichen Tiraden hineinsteigert, wird er immer lauter und gestikuliert immer wütender. Jetzt wird er gleich für Lehrer den Ruhestand mit 50 fordern, geht es mir kurz durch den Kopf, doch da blickt er auf die Uhr, erschrickt sichtlich und lässt mich grußlos stehen.

»Augen auf bei der Berufswahl«, bin ich noch versucht, ihm nachzurufen, aber wozu? Was soll das bringen? Es gibt nun mal solche Null-Bock-Typen, denen es niemand recht machen kann, die an allem und jedem etwas auszusetzen haben. Kein Wunder, dass Philipps letzte Freundin ihm auch schon wieder weggelaufen ist. Ich zucke mit den Schultern und steige leise pfeifend die Treppe zu unserer Wohnung hinauf. Und dabei geht mir wieder das spontane Verreisen durch den Kopf.

Das letzte Mal war der aktuelle Anlass eine abendliche Fernsehsendung über die Schlei und die malerischen Orte an ihrem Ufer. »Da müssen wir auch mal hin«, säuselte Ella mit verträumtem Gesichtsausdruck und sprach mir dabei aus der Seele. Das »mal« war dann schon am nächsten Tag, einem Mittwoch. Die Zeiten, in denen wir derartige Aktionen, wenn überhaupt, nur am Wochenende in Angriff nehmen konnten oder lange im Voraus planen mussten, sind Gott sei Dank vorbei. Beim Frühstück blickten wir uns kurz an und wussten, wir dachten beide dasselbe. Die Koffer packen, online ein Hotel buchen und die Wohnung grob in Ordnung bringen, dauerte keine Stunde. Dann saßen wir im Auto und los ging's. Zum Glück habe ich am Autofahren nach wie vor so viel Spaß, dass ich beim Einbiegen auf die A7 aus lauter Übermut das Radio lauter drehte und den Song, der gerade gespielt wurde, vergnügt mitsang. (Nur in fremden Großstädten fühle ich mich am Steuer zunehmend unwohl.)

Da wir es wirklich nicht eilig hatten und mich – das gebe ich ehrlich zu – lange Autofahrten von Jahr zu Jahr mehr anstrengen, unterbrachen wir am Nachmittag die Fahrt, mieteten uns für eine Nacht in einem schnuckeligen Landgasthof ein, wo wir nach einem ausgiebigen Spaziergang entlang eines schmalen Flüsschens ein ausgezeichnetes Abendessen mit Bier (ich) und Wein (Ella) sowie einem Verdauungsschnaps (wir beide) genossen. Dann gingen wir zu Bett und versuchten, noch ein wenig zu lesen. Doch daraus wurde nichts, weil uns beiden schon nach einer Viertelstunde die Augen zufielen. Am nächsten Morgen – ich weiß, das klingt jetzt fast ein wenig kitschig – wurden wir von der Sonne, zwitschernden Vögeln und dem Plätschern des Flüsschens geweckt. Kurz erwogen wir, den Hotelaufenthalt an der Schlei zu verschieben und noch ein paar Tage zu bleiben, doch dann entschlossen wir uns dagegen und setzten nach einem üppigen Frühstück unsere Fahrt fort. Unterwegs statteten wir noch dem Vogelpark in Walsrode einen Besuch ab und legten eine längere Pause am Nord-Ostsee-Kanal ein, wo ich immer wieder vom Anblick riesiger Frachtschiffe fasziniert bin, die quer durchs Land zu fahren scheinen. Am frühen Abend kamen wir schließlich in Kappeln an der Schlei an.

Kappeln ist ein wirklich hübsches, maritim anmutendes Städtchen. Gepflegte Häuser in schmalen Gassen mit einladenden Restaurants und eleganten Boutiquen, dazu ein Hafen, in dem uns neben zahlreichen schicken Privatbooten mehrere alte Traditionssegler imponierten. Während wir in einem Café das schöne Wetter, den Geruch nach Meer und die Schreie der Möwen genossen, meldete sich mein Smartphone. Unsere Tochter fragte an, ob wir schon absehen könnten, wann wir wieder nach Hause kämen.

»Spätestens, wenn es uns hier nicht mehr gefällt«, schrieb ich zurück. Und fügte nach kurzem Überlegen an: »Das kann dauern.«

Wir unternahmen stundenlange, von allerlei Pausen in diversen Lokalen unterbrochene Radtouren entlang der Schlei und hatten bei einer Wanderung durch das Naturschutzgebiet Geltinger Birk sogar das Glück, eine Herde Wildpferde, die berühmten Koniks, beobachten zu können. So wurden aus der ursprünglich geplanten einen Woche zwei. Das ist kein Problem, denn bei uns im Haus wohnt eine junge Dame, die sich, wenn man ihr eine entsprechende Nachricht schickt, gerne um unsere Post und die wenigen Zimmerpflanzen kümmert. Auf dem Nachhauseweg besuchten wir dann noch Verwandte in Bremen, mit denen wir eine Schifffahrt entlang der Flaniermeile Schlachte bis in die stadtbremischen Häfen unternahmen, dann ging es weiter zu einer alten Freundin von Ella, die heute mit ihrer Familie in der Nähe von Kassel lebt. Jeweils mit einem sehr vergnügten Abend, einer anschließenden Übernachtung und einem ausgiebigen Frühstück am nächsten Morgen.

Zwei Jahre zuvor hatten wir das Ganze – ich meine das spontane Verreisen mit unbestimmtem Ende – noch mehr auf die Spitze getrieben. Als M. und M. uns einluden, doch nach Südtirol zu kommen, wo sie sich gerade mit ihrem Camper aufhielten, zögerten wir nicht lange, mieteten kurzerhand ein kleines Wohnmobil und waren schon am übernächsten Tag bei ihnen. Und dann verlebten wir gemeinsam wunderbare Tage unter der italienischen Sonne mit leckerem Essen in urigen Lokalen und reichlich Rotwein. Nach einer knappen Woche ging es weiter in die Toskana, wo unsere Freunde bei Siena einen sehr hübschen Campingplatz kannten. Wir besuchten Florenz, hatten unseren Spaß am Schiefen Turm von Pisa und vertilgten in Lucca derartige Mengen diverser italienischer Eissorten, dass Ella sich in einem Gebüsch am Rand des Parkplatzes übergeben musste. Als wir endlich wieder die Heimfahrt antraten, waren sage und schreibe fast vier Wochen vergangen. Aber warum auch nicht? Schließlich wartete ja niemand auf uns, beziehungsweise konnten Kinder und Enkel ruhig ein bisschen länger warten.

Ist es nicht herrlich, so viel freie Zeit zu haben, über die man nach Belieben verfügen kann? Wobei diese mit spontanen Reisen zu verbringen, ja nur eine von unendlich vielen Möglichkeiten ist. So könnte ich etwa, wenn ich wollte, Marcel Prousts *Auf der Suche nach der verlorenen Zeit* von Anfang bis Ende lesen – immerhin mehr als 4000 Seiten. Vielleicht sogar in Originalsprache, was bei meinen allenfalls mittelmäßigen Französischkenntnissen sicher Jahre dauern würde. Verstehen Sie mich recht: Nicht, dass ich das ernsthaft vorhabe, aber es wäre ohne Weiteres möglich. Zeit für ein solches Vorhaben hätte ich jedenfalls mehr als genug. Ich finde überhaupt, dass allein schon das Wissen, sich ganz spontan, das heißt, ohne längere Vorausplanung, für etwas entscheiden zu können, und zwar auch dann, wenn sich das nicht in wenigen Tagen erledigen lässt, noch reizvoller ist als das konkrete Vorhaben selbst. Zwar hat der irische Dichter Jonathan Swift – das ist der mit *Gullivers Reisen* – einmal gesagt: »Was nützt die Freiheit des Denkens, wenn sie nicht zur Freiheit des Handelns führt?«, aber das sehe ich vollkommen anders. Allein schon morgens weckerlos aufzuwachen, ohne dass einen irgendwelche Verpflichtungen – bei mir war das ein Patiententermin nach dem anderen – aus dem Bett treiben, und dann erst beim Frühstück zu überlegen, was man den lieben langen Tag unternehmen könnte, ist für mich Luxus pur – den Ella und ich entsprechend genießen. Ich komme auf die vielen Möglichkeiten, die die üppige Freizeit mit sich bringt, noch in einem separaten Kapitel ausführlich zu sprechen.

Wobei das mit der üppigen Freizeit insofern ein zweischneidiges Schwert ist, als jedes Jahr gefühlt ein bisschen schneller vergeht als das vorausgegangene. Die Erfahrung haben Sie sicher auch schon gemacht. Besonders bewusst wird mir dieses Phänomen immer, wenn Ella mal wieder fragt: »Was machen wir eigentlich an unserem Hochzeitstag?« Dann habe ich regelmäßig das Gefühl, mich mit dem leidigen Thema doch erst vergangene Woche auseinandergesetzt zu haben. Was natürlich Blödsinn ist. Denn das letzte Gespräch, unser Ehejubiläum betreffend, liegt tatsächlich schon wieder ein Jahr zurück. »Die Jahre werden schneller, wenn sie knapper werden«, hat der Abt eines Benediktinerklosters hier in der Nähe einmal gesagt, und von Curd Jürgens stammt der Spruch: »Es ist wichtiger, den Jahren mehr Leben zu geben als dem Leben mehr Jahre.«

Ich selbst nütze meine altersbedingte Freiheit besonders gerne für mein liebstes Hobby, die Jagd. Im Sommer stehe ich – vollkommen freiwillig – nicht selten mitten in der Nacht, so gegen drei Uhr, auf und genieße dann auf einem Hochsitz am Waldrand ein vielstimmiges Vogelkonzert, während die Sonne langsam über den Horizont steigt. Dabei suchen meine Augen unablässig die Umgebung danach ab, ob sich vielleicht eine Rotte Wildschweine zeigt, die aus dem Getreide wieder zurück Richtung Wald zieht, eine Ricke mit ihren gepunkteten Kitzen oder ein, zwei Waschbären, von denen es hier seit Jahren immer mehr gibt. Genauso schön ist aber auch ein Ansitz am späten Abend, ganz besonders im Winter. Gibt es ein eindrucksvolleres Schauspiel, als wenn das Mondlicht die Schneekristalle wie Millionen Diamanten funkeln lässt? Wenn dann noch ein Waldkauz sein unheimliches »Huhuuu« durch die Nacht erklingen lässt und ein Fuchs auf der Suche nach einem fortpflanzungswilligen Weibchen über eine weiße Wiese schnürt – also, das ist sowas von großartig, Sie können es sich nicht vorstellen!

Allein schon der stundenlange Aufenthalt im Wald. Ganz allein, ohne dass mich jemand anspricht. Das satte Grün ringsum, die frische Luft, das wundervolle Gefühl, mit der Natur eins zu sein. Vogel- und andere Tierstimmen, und nicht zuletzt der einzigartige, immer wieder wechselnde Geruch. Einfach herrlich! Die Japaner haben aus dem Wissen um die beruhigende Wirkung sogar ein eigenes Therapiekonzept für gestresste Stadtbewohner entwickelt: das Waldbaden. Davon haben Sie sicher schon mal gehört. Man schlendert langsam zwischen den Bäumen hindurch und achtet dabei auf sämtliche Sinneseindrücke: wie es um einen herum aussieht, wie es sich anhört, wie es riecht und vor allem, wie man sich fühlt. Das allein trägt schon wesentlich zur wohltuend entspannenden Wirkung bei. Aber das ist noch nicht alles. Wissenschaftler haben nämlich nachgewiesen, dass das Grün der Bäume die Konzentration von Stresshormonen im Blut herabsetzt und dass bestimmte Duftstoffe, mit denen Pflanzen untereinander kommunizieren, sogenannte Terpene, die natürlichen Killerzellen anregen und so das Immunsystem stärken. Das Ganze, wohlgemerkt, ohne große körperliche Anstrengung, also ohne Joggen oder gymnastische Einlagen. Also für uns Ältere geradezu ideal. Allenfalls gelegentliche Meditations- und Atemübungen sind vorgesehen. Untersuchungen zeigen, dass auch noch Tage nach dem Aufenthalt im Wald der Stresshormon-Level niedriger und die Zahl der Immunzellen erhöht ist. Wenn man das weiß, hält man sich doch gleich noch lieber in der freien Natur auf.

Diese nächtlichen Aktionen kann ich aber nur deshalb uneingeschränkt genießen, weil ich weiß, dass ich die mich am darauffolgenden Tag unweigerlich überfallenden Müdigkeitsphasen jederzeit mit einem Schläfchen überbrücken kann – gerne auch mehrfach. Und zwar nicht nur am Samstag oder Sonntag, sondern auch mitten in der Woche. Doch auch an Tagen ohne vorausgehenden Nachtansitz gönne ich mir gerne mal einen kurzen Schlummer, einfach, weil mir gerade danach zumute ist, dazu noch regelmäßig nach dem Mittagessen einen sogenannten Power Nap. Wobei die Betonung auf »kurz« liegt. Denn länger als etwa eine Viertelstunde sollte das Schläfchen nicht dauern. Neuere Untersuchungen empfehlen als ideale Zeitspanne sogar nur zehn Minuten. Entscheidend ist, dass man dabei über die erste Einschlafphase nicht hinauskommt.

»Das wäre nichts für mich«, hat mir erst kürzlich Christian, ein alter Jagdfreund, erklärt, als ich ihm von der erholsamen Wirkung eines solchen Nach-Mittagessen-Schläfchens vorgeschwärmt habe. »Wenn ich erst mal einpenne, wache ich vor zwei Stunden nicht mehr auf. Und bin dann kaputter als vorher.«

»Alles Trainingssache«, habe ich ihn beruhigt. »Es kommt tatsächlich darauf an, dass du nicht in einen Tiefschlaf abgleitest, bei dem sich dein Kreislauf verlangsamt und dein Blutdruck absackt. Aus einer solchen Schlafphase erwachst du nämlich zwangsläufig in total matschigem Zustand. Schlaftrunkenheit nennt man sowas. Nach einem Power Nap bist du dagegen sofort wieder voll da. Dauert ein bisschen, bis sich dein Körper daran gewöhnt hat, danach empfindest du das tägliche Nickerchen aber als herrlich entspannende Wohltat – und willst bestimmt nicht mehr darauf verzichten. Einfach die ersten Male einen Wecker stellen. Und wenn's läutet, unbedingt sofort hoch. Spätestens nach einer Woche funktioniert das ganz von selbst. Wobei ich einen kleinen Schönheitsfehler der Methode nicht verschweigen möchte: Hast du dich erst mal an den Power Nap gewöhnt, wartet dein Körper jeden Tag darauf. Wenn du dann mal beim besten Willen keine Gelegenheit dazu findest, fühlst du dich den ganzen Nachmittag schlapp und unkonzentriert.« Ob Christian meinen Rat befolgt hat, kann ich nicht sagen. Ich habe ihn seither nicht mehr gesehen. Falls ja, bin ich ziemlich sicher, dass der mittägliche Kurzschlummer auch bei ihm bald ein fester Bestandteil seiner täglichen Routine ist. Ich bin gespannt.

Jetzt werden Sie sich bestimmt fragen, ob ich denn überhaupt keine anderen Verpflichtungen habe. Natürlich habe ich die. Friseur- und Arzttermine zum Beispiel, dazu immer wieder mal private Einladungen: zu Geburtstags- und sonstigen Feiern, aber auch einfach so, um mit Freunden bei einem Glas Bier oder Wein zusammenzusitzen und zu quatschen. Zu Hause oder in einer Kneipe, wie's eben gerade kommt. Doch dazwischen bleibt eine Menge Zeit, über die ich nach Belieben verfügen kann. Was zum Glück auch damit zusammenhängt, dass es bei meinen

Arztbesuchen fast ausschließlich um Kontroll-, Vorsorge- oder hin und wieder auch Impftermine geht. Denn glücklicherweise erfreue ich mich einer recht stabilen Gesundheit. Den zu hohen Blutdruck habe ich mit einer morgendlichen Tablette gut im Griff, und bei den von Zeit zu Zeit aufflackernden Kreuzschmerzen helfen fast immer gezielte gymnastische Übungen, die ich eigentlich vorbeugend jeden Tag machen sollte. Aber dazu kann ich mich leider nur selten aufraffen und warte damit dummerweise meistens, bis mich stärker werdende Beschwerden dazu zwingen. Wobei es vor allem mein bescheuertes Iliosakralgelenk, und zwar das linke, ist, das mich immer wieder massiv quält. Falls Sie wissen wollen, was sich hinter dem komplizierten Begriff verbirgt: Das ist eine nur mäßig bewegliche gelenkige Verbindung zwischen Kreuzbein und Becken, die einen ganz schön piesacken kann! Wenn ich das Problem dann nach etlichen Spritzen und zahlreichen Besuchen beim Physiotherapeuten wieder halbwegs im Griff habe, nehme ich mir jedes Mal vor, künftig konsequenter zu sein. Aber kaum geht es mir halbwegs besser, schmelzen die guten Vorsätze wie Butter in der Sonne. Wie heißt es so schön: Der Geist ist willig, aber das Fleisch ist schwach. Ganz schön blöd, oder?

Nun ja, alles in allem kann ich mich, wie gesagt, über meine Gesundheit nicht beklagen, was im Übrigen auch für Ella gilt. Dabei fällt mir etwas ein, was ich an dieser Stelle unbedingt loswerden muss. Ich bin mir nämlich durchaus bewusst, dass meine Begeisterung für die Freiheit im Ruhestand keineswegs von sämtlichen Altersgenossen geteilt wird. Wer etwa, vielleicht auch noch schmerzgeplagt, im Krankenhaus liegt, für den ist die viele Zeit natürlich alles andere als ein Quell der Freude, sondern pures Missvergnügen, um nicht zu sagen: Qual. Der hat anderes im Sinn, als sich über spontane Reisen, Nächte im Wald oder andere vergnügliche Dinge zu freuen. Dasselbe gilt für diejenigen unter uns, die sich um einen pflegebedürftigen Angehörigen kümmern oder möglicherweise sogar den Verlust eines geliebten Menschen verkraften müssen. Ella und ich hatten vor nicht langer Zeit selbst den

Tod eines guten Freundes zu beklagen, und ich versichere Ihnen, danach verging eine ganze Weile, in der uns nach allem anderen zumute war als nach zeitaufwendigem Freizeitvergnügen. Insofern bitte ich alle, denen es gerade nicht so gut geht, vorsorglich um Nachsicht, wenn ich im weiteren Verlauf dieses Buches von der Freiheit im Alter schwärme. Immerhin hat eine groß angelegte Umfrage einer bedeutenden Versicherungsgesellschaft ergeben, dass die überwiegende Mehrheit der Senioren mit ihrer Situation ausgesprochen zufrieden ist. Und in einer repräsentativen Studie von Forschern der Universität Köln zum Lebensgefühl der Generation 80+ gaben sogar vier von fünf Befragten an, es gehe ihnen gut oder sogar sehr gut und sie wollten, selbst wenn das möglich wäre, gar nicht mehr jung sein. Ich werde auf das Thema im nächsten Kapitel noch ausführlicher zu sprechen kommen.

Aber natürlich gibt es außer Reisen – wobei, wie gesagt, gerade das Spontane, Ungeplante am reizvollsten ist – sowie jagdlichen Aktivitäten und den Schläfchen während des Tages noch unzählige andere Möglichkeiten, die reichlich vorhandene Zeit vergnüglich zu nutzen. Wie heißt es so schön? Es kommt nicht so sehr darauf an, wie alt man ist, sondern wie man alt ist.

Auch damit werde ich mich in einem Extrakapitel noch ausführlich befassen. Was mich betrifft, so verbringe ich, wenn ich nicht gerade verreist oder im Wald bin, viel Zeit an meinem Computer. Was ich dort tue? Artikel für diverse Zeitschriften schreiben. Oder Bücher. So wie das, in dem Sie gerade lesen. Das hat sich nämlich, so wie alle anderen davor, keinesfalls von selbst geschrieben, sondern eine Menge Zeit und Mühe gekostet. Was mir jedoch, wie jedes Mal, sehr viel Spaß gemacht hat. Wäre es nicht so, würde ich mir schlicht und einfach die Freiheit herausnehmen, mit der Schreiberei aufzuhören. Würde meine vertraglichen Verpflichtungen noch gewissenhaft und termingerecht erfüllen, und das wäre es dann gewesen. Aber bis es so weit ist, vergehen hoffentlich noch ein paar Jahre.

»Mit sechsundsechzig Jahren, da fängt das Leben an.«

Udo Jürgens,
österreichischer Komponist, Pianist und Sänger, 1934–2014

Immer länger alt

Ein Buch über die Freiheit des Alters zu schreiben, hätte vor hundert Jahren – in der Zeit also, in der mein Vater geboren ist – erheblich weniger Spaß gemacht. Und zwar schlicht deswegen, weil es seinerzeit viel weniger Senioren, also potenzielle Leser, gab als heute. Um 1920 lag die mittlere Lebenserwartung von Frauen bei rund 48 und bei Männern sogar bei nur 44 Jahren. Das heißt nicht, dass man seinerzeit keinen deutlich älteren Menschen begegnete – ein Großteil der niedrigen Lebenserwartung geht auf das Konto der hohen Säuglings- und Kleinkindersterblichkeit –, aber die waren im Gegensatz zu heute eine seltene Ausnahme.

Seither nahm die Lebenserwartung in ganz Europa kontinuierlich zu. Nach Angaben der OECD steigt sie Jahr für Jahr um volle drei Monate und wird 2040 voraussichtlich 90 Jahre erreichen. Tatsächlich nimmt die mittlere Lebenserwartung seit Langem Jahr für Jahr um drei Monate zu, das sind jeden Tag volle fünf Stunden. Was nicht mehr und nicht weniger bedeutet, als dass zwei der vier Kinder, die in den letzten beiden Jahren in unserer Nachbarschaft geboren wurden, statistisch gesehen beste Chancen haben, älter als 100 zu werden. Die Europäische Kommission geht jedenfalls davon aus, dass der Anteil der über 65-jährigen

EU-Bürger bis 2060 auf fast 30 Prozent steigen wird. Damit wird der Lebensabschnitt, den wir nach dem aktiven Arbeitsleben, also im sogenannten Ruhestand, verbringen – mittlerweile macht er schon rund ein Viertel unserer Gesamtlebensdauer aus – immer länger. Logische Folge: Es gibt immer mehr Senioren. Bereits heute zählen sechs Millionen Menschen in Deutschland zur Bevölkerungsgruppe 80+ – womit diese die am stärksten wachsende ist. Und das Statistische Bundesamt hat berechnet, dass die Zahl der Hochbetagten bis 2050 auf zehn Millionen steigen wird. Das bedeutet, dass dann jeder achte Bundesbürger 80 Jahre und älter sein wird. Umgekehrt werden in gar nicht ferner Zukunft nur noch 20 Prozent der Erwerbspersonen älter als 30 sein. Und was das Beste ist: Der überwiegenden Mehrheit der Senioren geht es gesundheitlich und auch sonst gut bis sehr gut. Ich weiß, das habe ich schon erwähnt, aber das scheint mir so fundamental wichtig zu sein, dass es ruhig noch einmal gesagt werden soll. Für mein Buch über die Altersfreiheit gibt es also mehr als genügend potenzielle Leser. Und zwar nicht nur in Senioren- oder Pflegeheimen, nein, die allermeisten Betagten leben bis zum Tod in ihrer eigenen Wohnung.

Das größte und mit jedem weiteren Lebensjahr immer noch größer werdende Problem älterer Menschen ist gar nicht die nachlassende Gesundheit, sondern – neben dem Wunsch, so lange wie möglich unabhängig zu bleiben und nicht auf fremde Hilfe angewiesen zu sein – vielmehr die zunehmende Isolation, sprich Einsamkeit. Daran ist natürlich in erster Linie – auch wenn man das Thema gern schamhaft verschweigt – der Tod schuld, der sich seine Opfer nun mal bevorzugt aus den Reihen der Betagten holt. Oder anders gesagt: Je älter jemand wird, desto höher ist die Anzahl der Altersgenossen, die bereits das Zeitliche gesegnet und den Freundes- und Bekanntenkreis um eine Person ärmer zurückgelassen haben.

Nun könnte man ja denken, die Zurückgebliebenen, die sich doch allesamt nach mehr menschlichem Kontakt sehnen, würden sich einfach zusammenschließen, das heißt, sie würden die Löcher, die der Tod zwangsläufig in ihre Reihen reißt, mit anderen Menschen füllen, die dasselbe Schicksal erlitten haben. Aber das ist alles andere als einfach. Sehen Sie sich doch mal in Ihrem eigenen Freundeskreis um. Wie viele Personen sind da in den letzten drei Jahren dazugekommen? Vermutlich keine einzige. Und zwar vor allem deshalb nicht, weil man im Alter – darüber gibt es mehrere aufschlussreiche Studien – schlicht nicht mehr so leicht Freundschaft schließt. Damit Sie mich richtig verstehen: Wir sprechen hier nicht von lockeren Bekanntschaften, sondern von echten Freunden. Solchen, die ohne zu zögern ihren Urlaub abbrechen, wenn man sie braucht, vor denen man auch noch den letzten Winkel seines Herzens ausschütten kann und die mit einem – je nach Anlass – ebenso begeistert jubeln wie entsetzlich leiden.

Zu einem Großteil liegt das vermutlich daran, dass man einen Großteil der Freunde, die man hat, schon sehr, sehr lange kennt und mit ihnen Tausende von Erinnerungen teilt – nicht selten bis zurück zu Erlebnissen aus der Kindergartenzeit der eigenen Nachkommen, die ja längst selbst Eltern sind. Da hat ein Neuling, und mag er noch so freundlich und empathisch sein, einfach keine Chance. Wenn Barbara ihrer Busenfreundin Luise mit einem augenzwinkernden »Weißt du noch ...?« davon erzählt, wie ihre Tochter Gabriele – mittlerweile im Vorstand einer Bank tätig – damals dem Sohn des Spar-Filialleiters schöne Augen gemacht hat und er sie schnöde hat abblitzen lassen, weil sie ihm zu dünn war, ist eine neue Bekanntschaft gezwungen, sich das alles kommentarlos anzuhören, weil sie von dem, was da besprochen wird, schlicht keine Ahnung hat und die beteiligten Personen nicht kennt.

Als Ella und ich, damals noch kinderlos, vor mehr als 40 Jahren in die schwäbische Kleinstadt gezogen sind, in der wir seither leben, dauerte es deshalb auch eine ganze Weile, bis wir Freunde gefunden hatten. Und dann waren das vor allem solche, die wie wir keine Einheimischen waren. Ich weiß noch gut, wie mir damals,

als ich – nicht zuletzt, um Anschluss zu finden – den Jagdschein gemacht habe, einer meiner Kurskameraden erzählte, Siegfried hätte ein Jahr vor uns dasselbe getan und wäre jetzt stolzer Jungjäger.

»Siegfried?«, fragte ich ahnungslos. »Welcher Siegfried?«

Die Verblüffung der Umstehenden, die alles mitangehört und dazu wissend genickt hatten, war gewaltig. Ich wusste nicht, wer Siegfried war? Gab es das? Kannte den nicht jeder? Mittlerweile ist mir nicht nur vollkommen klar, um wen es sich bei besagtem Siegfried handelt, sondern ich habe ihn sogar persönlich kennengelernt. Immerhin ist er derjenige, der das Revier neben meinem gepachtet hat, also einer meiner unmittelbaren Jagdnachbarn. Und zwar ein überaus freundlicher und hilfsbereiter. Weshalb ich das erzähle? Nun, vor allem deshalb, weil Siegfried – inzwischen hat er die 75 überschritten – die Freiheit, die ihm das Alter bietet, ganz anders nutzt als zu reisen, zu faulenzen oder Proust zu lesen. Weil er nämlich nach wie vor von früh bis spät arbeitet.

Allgemein bekannt ist er als der Bauer mit dem größten Hof weit und breit, mit zig eigenen und gepachteten Äckern und Wiesen, einer imposanten Biogasanlage und einem gewaltigen Arsenal landwirtschaftlicher Maschinen, zu deren Betrieb ihm nicht weniger als fünf große Traktoren zur Verfügung stehen. Zwar hat er seinen Hof schon vor Jahren seinem Sohn und seiner Schwiegertochter überschrieben, aber nach wie vor arbeitet er tatkräftig mit. Dass er letztes Jahr den Jagdkurs besucht und erfolgreich abgeschlossen hat – in seinem Alter eine wirklich bewundernswerte Leistung –, war nach einhelliger Meinung aller, die ihn näher kennen, so etwa die einzige nichtbäuerliche Aktivität, der er sich in den letzten 50 Jahren gewidmet hat.

Während der Mittagspause im Zuge einer Drückjagd habe ich ihn einmal gefragt, warum er sich das antut? Warum er sich, nachdem er auf dem Hof, im Stall und auf den weiträumigen Ländereien jahrzehntelang geschuftet hat, nicht endlich zur Ruhe setzt und seinen Nachfolgern die Arbeit überlässt?

»Ach, weißt du«, hat er geantwortet und mich milde angelächelt, »ich bin hier auf dem Hof geboren, habe seit meiner frühesten Kindheit bei allem, was da so anfällt, mitgemacht. Habe die Kuhställe ausgemistet, beim Melken geholfen und natürlich bei der Ernte. Ich glaube fast, ich konnte schon Traktor fahren, bevor ich richtig laufen konnte. Und obwohl manchmal wirklich die Hölle los war und man das Gefühl hatte, alles müsse gleichzeitig erledigt werden, hatte ich an allem, was ich tat, eine Menge Freude. Wenn ich sehe, wie die Tiere unter meiner Pflege gedeihen, wie auf den Feldern das Getreide reift und wie es dann im Spätsommer beziehungsweise im Herbst geerntet wird, geht mir das Herz über. Und zwar heute noch genauso wie eh und je.«

»Hast du denn überhaupt schon mal Urlaub gemacht? Bist du mal verreist und hast vielleicht, wenn es hier kalt und ungemütlich ist, die südliche Sonne genossen?«, fragte ich.

Er machte eine wegwerfende Handbewegung. »Ein einziges Mal. Weil Lore, meine Frau, das unbedingt mal ausprobieren wollte, nachdem eine Freundin ihr von den Kanaren vorgeschwärmt hat. Aber als wir wieder zurück waren, waren wir uns einig, dass das Erlebnis das viele Geld, das die Reise gekostet hat, nicht wert war. Diese Menschenmassen überall, die Enge im Flieger, der ganze Rummel im Hotel, nein, das ist nichts für uns. Deshalb ist es bei dem einen Mal geblieben.«

»Na ja«, wandte ich ein, »man muss ja nicht gleich eine Flugreise machen. Ein paar Tage in einem gemütlichen Landhotel im Schwarzwald oder im Harz können doch auch sehr schön sein.«

»Mag sein. Aber ich brauche das nicht. Ich fühle mich hier, wie man so schön sagt, sauwohl. Und zwar ganz besonders, wenn ich wie andere Bauern auch, von früh bis spät arbeite.« Er machte eine kurze Pause und ließ den Blick geradezu zärtlich über Wald und Feld schweifen. »Die einzige Abwechslung von der Hofarbeit, die ich mir gönne, ist die Jagd. Daran habe ich wirklich viel Freude. Aber das war's auch schon.«

»Ist natürlich allein deine Angelegenheit«, erwiderte ich schulterzuckend. »Meine Sache wäre das nicht. Aber wie hat schon der Alte Fritz gesagt: ›Soll doch jeder nach seiner Façon selig werden.‹«

Nun könnte man ja denken, es sei Siegfrieds Sohn und dessen Frau lästig, dass sich der betagte Vater beziehungsweise Schwiegervater ständig in ihre Entscheidungen einmischt, ihnen Ratschläge gibt und irgendwie noch immer der heimliche Chef ist, doch dem ist, wie man hört, keinesfalls so. Denn sein umfangreiches, in Jahrzehnten stetig gewachsenes Wissen und sein immenser Erfahrungsschatz sind für die beiden, wie sie selbst sagen, Gold wert. Und damit stehen sie keineswegs allein da. Ist das nicht tröstlich?

Hätten Sohn und Schwiegertochter nicht Landwirtschaft, sondern Psychologie oder Pädagogik studiert, wüssten sie, dass es für das, was sie an dem Alten so schätzen, sogar einen eigenen Fachausdruck gibt: »kristalline Intelligenz«. Darunter versteht man die Verbindung von Faktenwissen, das sich ein Mensch im Laufe seines Lebens und nicht zuletzt als Resultat fortwährender Lernprozesse sowie einer profunden Menschenkenntnis aneignet, und von daraus resultierendem, auf Erfahrung basierendem Vorgehen. Gemeinhin spricht man auch von »Altersweisheit«. Im Gegensatz zur sogenannten »fluiden Intelligenz«, der Fähigkeit, abstrakt zu denken, neu auftretende Probleme logisch zu erfassen und sie mit zielgerichteten, durchdachten Aktionen zu lösen, nimmt die kristalline Variante mit dem Alter nicht ab, sondern bei entsprechendem Training sogar zu. Das zeigt sich zum Beispiel an vielen Vorgesetzten. Da sind die älteren in der Regel die angenehmeren. Während junge Chefs häufig ungeduldig und herrisch reagieren, sind die reiferen, die schon so manche Katastrophe überstanden haben, meist duldsamer. Sie reden eher mit ihren Untergebenen, statt sie ständig anzumeckern, sind abweichenden Meinungen gegenüber toleranter und daher alles in allem wesentlich angenehmere Vorgesetzte. In Firmen, in denen Ältere das Sagen haben, herrscht deshalb meist ein auffallend gutes Betriebsklima.

Vielleicht denken Sie daran, wenn Sie sich mal wieder nach einem neuen Arbeitsplatz umsehen.

Dass Senioren oft über einen gewaltigen Erfahrungsschatz verfügen und trotz ihres Alters alles andere als minderwertige Mitarbeiter sind, hat sich mittlerweile in vielen Firmen herumgesprochen. Während die Betagten früher oft spöttisch als Mister oder Missis Schwermetall – Silber im Haar, Blei in den Knochen, Gold in den Zähnen – verspottet wurden, sehen viele Firmenchefs das mittlerweile ganz anders. Was natürlich auch mit der bereits erwähnten Tatsache zusammenhängt, dass es mit den Jahren immer mehr Ältere und immer weniger Junge geben wird. Berechnungen haben ergeben, dass im Jahr 2030 jeder zweite Deutsche über 50 Jahre alt sein wird. Die in vielen Betrieben lange vorherrschende Vorliebe für jüngere Arbeitnehmer – sie arbeiten mehr, lassen sich mehr sagen und kosten dabei auch noch weniger – wird sich also allein schon aus demografischen Gründen, aber eben nicht nur deswegen, zwangsläufig ändern. Denn ältere Arbeitnehmer sind erstaunlicherweise seltener krank oder sonst wie verhindert. Und aufgrund ihrer langjährigen Erfahrung verstehen sie betriebliche Abläufe oft wesentlich besser und wissen, wenn mal etwas nicht so klappt, wie es soll, eher Rat. Vielleicht haben Sie ja auch schon mal einen der beiden Sprüche gehört, die genau das humorvoll beschreiben: »Junge Besen kehren gut, die alten aber kennen alle Ecken.« und »Die Augen werden schlechter, aber sie blicken besser durch.« Ich denke, treffender lässt sich die spezielle Qualität älterer Menschen nicht in Worte fassen.

Denken Sie doch einmal an den amerikanischen Piloten Chesley Sullenberger. Den kennen Sie nicht? Nun, von ihm gehört haben Sie mit Sicherheit. Das war der, der im Alter von 57 Jahren geschafft hat, was bis dahin als nahezu unmöglich galt: ein voll besetztes Passagierflugzeug auf dem New Yorker Hudson River zu landen, ohne dass es dabei in Stücke zerbrach. Ich bin sicher, dass Sullenberger, hätte er sich kurz davor bei diversen Airlines beworben, nur Ablehnungsschreiben bekommen hätte: zu alt, zu unflexibel, zu teuer. Was für ein fataler Irrtum!

Freiheit und hier speziell Altersfreiheit bedeutet also nicht zwangsläufig, sich die viele Zeit ausschließlich mit vergnüglichen Aktivitäten zu vertreiben, in den Tag hineinzuleben und den lieben Gott einen guten Mann sein zu lassen, es gibt auch ganz andere Möglichkeiten. Solange man an dem, womit man sich beschäftigt, Spaß hat und es nicht als lästige Pflicht auffasst, solange man also etwas tut, weil man es tun will und nicht, weil man muss, ist alles in bester Ordnung. Und wann kann man das besser als im Ruhestand?

An dieser Stelle muss ich noch einmal innehalten und alle diejenigen um Entschuldigung bitten, denen das mit dem Spaßhaben wie Hohn vorkommen muss. Die im Alter auch gerne das tun würden, wonach ihnen der Sinn steht, dies aber aus verschiedenen Gründen schlicht nicht können. Sei es, dass sie krank oder körperlich eingeschränkt sind oder einen behinderten Angehörigen pflegen müssen, aber vielleicht auch, dass sie im Seniorenalter aus schierer Geldnot gezwungen sind, eine Arbeit zu verrichten, bei der von Vergnügen wirklich keine Rede sein kann. Ich bin mir vollkommen bewusst, dass das gar nicht so wenige sind. Und wenn Sie, sollten Sie zu ihnen gehören, an dieser Stelle das Buch zuklappen und beschließen, nicht mehr weiterzulesen, habe ich dafür vollstes Verständnis.

Gar kein Verständnis habe ich hingegen für diejenigen Altersgenossen, die einzig und allein deshalb weiterarbeiten, weil sie sich für unentbehrlich halten und meinen, ohne sie gehe die Firma, wenn nicht gar die ganze Welt zugrunde. Und dann über ihre selbst verschuldete Situation von früh bis spät lamentieren und sich pausenlos beklagen. Solche Leute kennen Sie doch sicher auch, oder?

Ein Musterbeispiel für einen derartigen Jammerlappen ist Gisela, eine schon vor vielen Jahren von ihrem Mann verlassene Bekannte, die permanent quengelt, wie schlecht es ihr gehe, weil sie so viel arbeiten müsse. Sie ist Rechtsanwältin in einer renommierten Kanzlei, in der außer ihr noch zwei männliche Kollegen tätig sind. Denen könne sie doch nicht einfach die vielen Fälle aufhalsen, an denen sie selbst bisher gearbeitet hat, wird sie nicht müde, mit weinerlicher Stimme zu lamentieren. Außerdem habe sie eine ganze Reihe von Klienten, die entschieden Wert darauf legten, ausschließlich von ihr und von niemandem sonst betreut zu werden. Speziell wenn es um Scheidungen gehe, sei sie in der Kanzlei die einzig kompetente Kapazität, die auch in verzwickten Fällen durchblicke. Hinzu komme, dass ihre zwei Kollegen – beide erheblich jünger als sie – sie jeden Tag zigmal um Rat fragen würden. Die könne sie doch nicht so mir nichts, dir nichts im Stich lassen. Auch wenn sie lieber heute als morgen aufhören würde, schließlich sei sie schon über 70 Wie gerne würde sie mehr reisen, lesen und vor allem Theater und Konzerte besuchen, aber abends sei sie wegen der extrem anstrengenden beruflichen Belastungen immer so kaputt, dass sie sich zu derlei Freizeitvergnügungen nicht mehr aufraffen könne. Wie sehr sie doch die Altersgenossen und -genossinnen beneide, die ihren Lebensabend genießen und ausschließlich das tun könnten, was ihnen Spaß macht. Und während sie das mit brüchiger Stimme sagt, wischt sie sich doch tatsächlich ein paar Krokodilstränen aus den Augen. O Gott, wie mir die Arme leidtut!

Ähnlich gestrickt ist ein ehemaliger Kollege meines Vaters, der Name tut nichts zur Sache. Wie der alte Griesgram – mittlerweile geht er auf die 80 zu – jemals eine Arbeitsstelle finden konnte, zumal eine, bei der er mit einer Menge Leute zu tun hatte, war mir immer und ist mir bis heute schleierhaft. Wenn ich an ihn denke – was ich möglichst vermeide –, habe ich das Bild eines hageren, weißhaarigen Mannes mit zerknittertem Gesicht vor mir, dessen hervorstechendes Merkmal die heruntergezogenen Mundwinkel sind. Ich kann mich nicht erinnern, ihn auch nur einziges Mal lächelnd oder gar lachend gesehen zu haben. Der Typ behauptet zwar immer, er sei Junggeselle aus Überzeugung, aber Ella vermutet schwer, der wahre Grund für sein Alleinleben liege darin, dass eine Frau, die morgens nach dem Aufwachen in sein bärbeißiges Gesicht blickt, gar nicht anders kann, als in schierer Panik aus dem Bett zu springen und sich nie wieder sehen zu lassen.

Als er noch wesentlich jünger war, hat der Muffkopf einmal Ella, mich und die Kinder in die Stuttgarter Wilhelma begleitet. Was ihn dazu getrieben hat, weiß ich heute nicht mehr. Ein Albtraum, sage ich Ihnen! Die Käfige waren zu klein, die Freigehege nicht angemessen ausgestattet, die Tiere allesamt miserabel gepflegt, und überhaupt, wo blieben die wirklich interessanten Arten? Das Bier im Zoorestaurant war zu warm, dafür der Kaffee zu kalt, und natürlich die Speisen und Getränke allesamt maßlos überteuert. Nichts war ihm recht, nichts fand er auch nur ansatzweise passabel, von gut gar nicht zu reden. Grauenhaft!

Ich weiß nicht warum, aber wenn ich heute so ein Dauergenörgel höre, dann stört mich das zwar sowieso generell, aber wenn es dann noch aus dem Mund eines Altersgenossen kommt, finde ich es besonders unerträglich. Jungen Menschen billige ich ein solches Gemecker irgendwie noch eher zu, vermutlich, weil da nicht permanent der Vorwurf mitschwingt, früher sei alles ja noch einigermaßen erträglich gewesen, heute aber … Doch lassen wir das. Sonst kommt mir noch das Frühstück hoch.

Kennen Sie auch solche Heulsusen, die an ihrer Situation einzig und allein selbst schuld sind und bei denen man den massiven Verdacht hat, sie würden nur deswegen nichts daran ändern, weil sie dann nichts mehr hätten, um sich deswegen bedauern zu lassen? Ich rate Ihnen dringend: Meiden Sie den Kontakt! Solche Menschen ziehen Sie nur runter und verderben Ihnen die gute Laune. Wie Sie im Alter überhaupt konsequent auf den Kontakt zu Menschen verzichten sollten, in deren Gegenwart sie sich fühlen wie ein Veganer am Tisch genüsslich schmatzender Schweinshaxen-Verschlinger. Doch davon in den nächsten Kapiteln mehr.

»Ein wahrer Freund trägt mehr zu unserem Glück
bei als tausend Feinde zu unserem Unglück.«

Marie von Ebner-Eschenbach,
mährisch-österreichische Schriftstellerin, 1830–1916

Ein Freund, ein guter Freund

Es ist mal wieder Freitag, und einer lieben Gewohnheit folgend treffe ich mich mit Wolfgang im »Magazin«, einem gemütlichen Zwischending zwischen Café und Kneipe am Rand der Altstadt. Wolfgang ist mein bester Freund, einer von der Sorte, wie ich sie schon beschrieben habe. Wenn ich ihn bräuchte, würde er ohne eine Sekunde zu zögern, sofort kommen, davon bin ich felsenfest überzeugt. Auch mitten in der Nacht aus Hamudistan oder Burkina Faso. Er würde, ohne lange zu fragen, auf der Stelle alles stehen und liegen lassen und mir zu Hilfe eilen. Was für mich umgekehrt natürlich genauso gilt.

Wolfgang ist jetzt 71 und damit zwei Jahre jünger als ich. Seit mehr als 40 Jahren ist er mit Elvira verheiratet, einer ganz reizenden ehemaligen Buchhändlerin, die vor allem dadurch auffällt, dass sie bei jeder passenden und manchmal auch unpassenden Gelegenheit lacht. Sie gehört zu der Sorte Mensch, die man nur fragen muss: »Soll ich dir mal einen Witz erzählen?«, und schon strahlt sie übers ganze Gesicht und kichert los. Um am Ende die eigentliche Pointe vor lauter Lachen komplett zu verpassen. Kurz:

eine durch und durch fröhliche und liebenswerte Frau. Die beiden haben drei Kinder: zwei Töchter und einen Sohn. Und die gleiche Anzahl an Enkeln: zwei Jungs von der älteren Tochter und ein Mädchen von der jüngeren. Auf Nachwuchs ihres Sohnes warten sie bisher vergebens. Mit Kindern und Kindeskindern verstehen sie sich ausgezeichnet, ja, manchmal schwärmt Wolfgang dermaßen von seiner Familie, dass man Zweifel haben könnte, ob es eine solch makellose Harmonie tatsächlich geben kann. Das umso mehr, als ich einmal den Ehemann von Elke, der jüngeren Tochter, kennengelernt habe und mit Ella einer Meinung war, das sei ja wohl ein eher dröger Typ. Denn zumindest solange wir das zweifelhafte Vergnügen seiner Gesellschaft hatten, machte er den Mund nur zweimal auf: einmal, um seine Tochter scharf zurechtzuweisen, weil die uns bei der Begrüßung angeblich nicht ins Gesicht geblickt hatte, und das zweite Mal, um sein Missfallen über den Wetterbericht zum Ausdruck zu bringen, der für heute reichlich Sonnenschein und nicht so ein trübes Grau, wie es durch die Fenster zu sehen war, vorhergesagt hatte. Aber vielleicht war er ja sonst wirklich ein reizender Kerl und hatte da einfach, warum auch immer, einen schlechten Tag. Hat ja schließlich jeder mal.

Von Beruf war Wolfgang vor seiner Pensionierung Berufsschullehrer für Medizinische Fachangestellte, die man in meiner Jugend noch Sprechstundenhilfen und später Arzthelferinnen nannte. Doch von dieser ebenso überholten wie abwertenden Berufsbezeichnung will er nichts hören und betont immer wieder, dass sich das Berufsbild der jungen Damen, speziell seit Verwaltung und Abrechnung sowie etliche andere Büroarbeiten in den Arztpraxen mithilfe komplexer EDV-Software erledigt würden, erheblich geändert habe und deutlich anspruchsvoller geworden sei. Wie auch immer, in jedem Fall ist Wolfgang das komplette Gegenstück zu dem bescheuerten Philipp aus unserem Haus: stets freundlich und so gut wie immer mit sich im Reinen. Jedenfalls seit ich ihn kenne, also seit fast 50 Jahren. Damals lagen wir zusammen in einem Zimmer im hiesigen Krankenhaus, beide frisch am Blinddarm operiert. Und da haben wir gemerkt, dass wir bestens miteinander klarkamen. Was nicht zuletzt daran lag, dass er nach seiner Operation – sie fand drei Tage nach meiner statt – nicht pinkeln konnte. So sehr er sich auch anstrengte und sich auf das Plätschern des Wassers konzentrierte, das die Schwester ins Waschbecken laufen ließ, er brachte keinen einzigen Tropfen zustande. Als das mehrere Tage hintereinander so blieb und er schon beim Anblick der leeren Urinflasche, in die er pinkeln sollte, jedes Mal gequält aufstöhnte, übermannte mich das Mitleid. Und als die Schwester zur Tür hinaus war, flüsterte ich ihm zu: »Los, gib das Ding mal rüber.« Er verstand sofort, worauf ich hinauswollte und streckte mir den Urinbehälter entgegen, den ich anschließend vergnügt grinsend füllte. Als die Schwester wieder erschien, hielt ihr die volle Flasche mit stolzem Lächeln entgegen. Was sie mit einem zufriedenen »Na, geht doch« quittierte und ihn in der Folge in Ruhe ließ. Danach waren wir endgültig Freunde, und dabei ist es erfreulicherweise bis heute geblieben.

Nur eines hat er beziehungsweise hatte er an sich auszusetzen: Er war – keine Ahnung, wie er darauf gekommen ist – der festen Meinung, anderen Menschen gegenüber oft zu wenig verbindlich, will heißen, zu barsch zu sein. Ich kann das, wie gesagt, beim besten Willen nicht bestätigen, aber bei ihm wurde dieses Bild von sich selbst mit der Zeit derart zur fixen Idee, dass er sich vor knapp zwei Jahren ein Buch mit dem Titel *Freunde im Alter* gekauft hat. Das hat ihn so beeindruckt, dass er mir seither oft daraus vorgelesen hat. Im Wesentlichen geht es in dem Ratgeber darum, dass man mit fortschreitendem Lebensalter – wenn also die Jahre, die einem noch auf dieser Erde bleiben, immer weniger werden – die eigenen, oft über Jahrzehnte verfestigten Grundsätze und Verhaltensweisen überdenken und gegebenenfalls durch andere ersetzen solle. Verhaltensweisen, die man früher eingetrichtert bekommen und nach denen man sich seither bewusst, öfter jedoch unbewusst, gleichsam automatisch gerichtet habe. Vor allem solle man sämtliche alten Bekanntschaften auf den Prüfstand stellen und sich genau überlegen, welche davon einen eher belasten als erfreuen. Die könne man dann nämlich getrost beenden. Schließlich müsse man ja auf viele Menschen, auf deren Wohlwollen man vielleicht einmal angewiesen war, keine Rücksicht mehr nehmen.

Da ist natürlich eine Menge dran. Tatsächlich verbringen wir, wenn wir einmal die 70 überschritten haben, einen Großteil unserer immer überschaubarer werdenden Lebenszeit viel zu oft mit Menschen, an denen uns nichts liegt, ja, die uns oft sogar ganz schön auf den Geist gehen. Wobei das keineswegs gleich derart klassische Unsympathen wie Philipp sein müssen. Umgekehrt vernachlässigen wir – meist aus reiner Bequemlichkeit – Kontakte zu Mitmenschen, an denen uns, wenn wir einmal ehrlich zu uns selbst sind, eine Menge liegen müsste, und mit denen wir gerne häufiger zusammen wären, weil sie unseren Lebensabend echt bereichern. Wobei es natürlich ideal wäre, wenn das für sie in Bezug auf uns genauso gelten würde.

Während wir uns noch über dieses Thema unterhalten, geht die Tür des »Magazin« auf und hereinspaziert kommt die dicke Heiderose!

»O nein!«, stöhnt Wolfgang und wendet sich abrupt ab, als hätte er den Leibhaftigen gesehen, wobei er mir noch aus dem Mundwinkel »Nicht hinschauen!« zuzischt.

Aber es ist zu spät. Sie hat uns bereits erspäht. Mit einem »Ihr hier? Was für eine Freude!« steuert sie direkt auf uns zu. Wir kennen sie, seit sie letztes Jahr in Gesellschaft einer anderen Frau am Nebentisch saß und plötzlich, nachdem diese sich verabschiedet hatte, laut aufschluchzte. Auf Wolfgangs ebenso mitfühlende wie überflüssige Frage, ob etwas nicht in Ordnung sei und ob wir ihr vielleicht helfen könnten, kam sie tränenüberströmt zu uns an den Tisch und erzählte uns lang und breit, dass ihr über alles geliebter Mann vor Kurzem das Zeitliche gesegnet habe. Wir sprachen ihr, wie es sich gehört, unser Beileid aus und wünschten ihr viel Kraft, um den tragischen Verlust zu überwinden. Aber das erwies sich als fataler Fehler. Denn von da an sah sie in uns offenbar so etwas wie einfühlsame Schicksalsgenossen und begann, uns in allen Einzelheiten das Leiden und letztendliche Ableben ihres Gatten zu schildern. Wie er sich immer unwohler gefühlt und trotz ihrer eindringlichen Ermahnungen keinen Arzt konsultiert habe. Bis es schließlich beim besten Willen nicht mehr ging und er in der Wohnung kaum noch die Treppe hochgekommen war. Und wie der Notarzt ihn, als er an einem Sonntagnachmittag schließlich wie vom Blitz getroffen zusammengebrochen war, nach einer flüchtigen Untersuchung auf der Stelle ins Krankenhaus eingewiesen habe. Wo er dann wenige Tage später trotz intensiver ärztlicher Bemühungen gestorben war.

»Herzinsuffizienz«, stöhnte sie und wischte sich dabei eine ominöse Träne aus dem Auge. »Genauer gesagt, Linksherzinsuffizienz«. Und dann erklärte sie uns in allen Einzelheiten den Unterschied zwischen den einzelnen Formen der Herzschwäche, wie man diese diagnostiziert und behandelt und welche Erfolge die einzelnen Maßnahmen statistisch gesehen haben oder leider manchmal eben auch nicht haben. Schließlich legte sie uns lang und breit dar, warum das nach ihrer Meinung bei ihrem lieben Mann am Ende alles nichts mehr genutzt habe. Dabei ließ sie mehrfach einfließen, sie sei über viele Jahre die erste Sekretärin des Chefarztes der inneren Abteilung am hiesigen Klinikum gewesen und habe während ihrer anspruchs- und verantwortungsvollen Tätigkeit profundere medizinische Kenntnisse erworben als so mancher Studienabgänger, der unter ihrem Chef als Assistenzarzt gearbeitet habe.

Diese Nervensäge – sie ist so voluminös, dass sie beim Gehen hin- und herschaukelt – kommt jetzt zielgerichtet auf uns zu gewatschelt. Und noch bevor sie unseren Tisch erreicht hat, fängt sie schon an zu reden. Womit sie auch nicht aufhört, nachdem sie sich mühsam auf einen Stuhl gewuchtet und sich bei der freundlichen

Bedienung ein Stück Sahnetorte bestellt hat. Mehrfach, wenn sie gerade Luft holt, machen wir den Versuch, ihren Redeschwall zu unterbrechen, doch vergebens. Dann muss sie glücklicherweise zur Toilette, und wir denken, das sei es jetzt gewesen. Aber weit gefehlt. Kaum ist sie wieder da, legt sie erneut los. Woran Wolfgang – das muss er auf seine Kappe nehmen – nicht ganz schuldlos ist. Denn während sie auf dem Klo war, hat er mir erzählt, dass ein ehemaliger Kollege von ihm an Leukämie erkrankt sei und wie leid ihm der arme Kerl tue. Das Wort »Leukämie« hat Heiderose offenbar beim Zurückkommen ins Lokal aufgeschnappt oder Wolfgang, was mich echt nicht wundern würde, von den Lippen abgelesen. Jedenfalls greift sie es sofort als willkommenes Stichwort auf. Und so kommt, was kommen muss: Eine volle Stunde lang erläutert sie uns die Unterschiede zwischen den einzelnen Leukämieformen. Durch welche Symptome und Krankheitsverläufe sich die myeloische Leukämie von der lymphatischen und die chronische sich von der akuten unterscheidet, wer in welchem Alter am ehesten mit welcher Variante rechnen muss und welche am wahrscheinlichsten zum Tod führt. Da können wir noch so deutlich unser Desinteresse zum Ausdruck bringen, die Augen verdrehen, mit den Fingern auf den Tisch trommeln und sogar demonstrativ gähnen, sie hört und hört nicht auf.

Und während ich mir das Hirn zermartere, wie wir uns dem pausenlosen Redefluss entziehen könnten, kommt mir plötzlich eine Idee. »Apropos Leukämie«, sage ich und blinzle Wolfgang dabei verschwörerisch zu. »Eine Nachbarin von uns liegt auch wegen einer Blutkrankheit in der Klinik: Morbus Knowley-Betterstone. Ich weiß nur, dass da irgendwas mit den roten Blutkörperchen nicht stimmt. Hab' aber keine Ahnung, was genau. Scheint jedenfalls sehr bedrohlich zu sein.« Ich wende mich Heiderose zu: »Du kannst uns doch sicher erklären, worum es dabei geht.«

Heiderose räuspert sich ausgiebig. »Ja, nun ...«, stammelt sie dann und hält eine Weile inne. »Also, das ist so ...«

Wolfgang und ich sehen sie aufmerksam an, scheinbar ehrlich um den bedauerlichen Kranken besorgt und begierig, mehr über die ominöse Krankheit zu erfahren.

»Wie ... wie ... heißt ...«, stottert die selbst ernannte Expertin nach längerem Schweigen, »die ... Krankheit ... noch mal?«

»Morbus Knowley-Betterstone, auch bekannt unter der Abkürzung MKB. Glaube nicht, dass es einen anderen Namen gibt. Scheint ein Leiden zu sein, das vor allem in Südostasien – du weißt schon, Thailand, Indonesien, Papua-Neuguinea und so – vorkommt. Ist bei uns offenbar eher selten. Aber im Zeitalter der Globalisierung ist das ja alles relativ.«

»Rote Blutkörperchen, also Erythrozyten, sagst du?«

»Genau. Der Arme leidet entsetzlich.«

Jetzt bin ich echt gespannt. Wird sie ehrlich zugeben, dass sie von der angeblichen Blutkrankheit noch nie etwas gehört hat? Was aufrichtig wäre, da ich die nämlich soeben kurzerhand erfunden habe. Oder wird sie im festen Vertrauen auf unsere Ahnungslosigkeit irgendetwas zusammenfantasieren?

»Ist tatsächlich sehr selten«, verkündet sie schließlich. »Hab' ich höchstens ein- oder zweimal gehört. Ich glaube ...«

»Ja, was?«, drängt Wolfgang.

»Nun, ich erinnere mich, ehrlich gesagt, nur dunkel. Hat meines Wissens etwas mit der Reifung der Erythrozyten zu tun.«

Heiderose weiß nicht, dass ich Medizin studiert habe, und ist daher sichtlich irritiert, als ich nun »also eine spezielle Form der Retikulozytose« in die Debatte werfe.

Sie räuspert sich ein paarmal, dann blickt sie plötzlich auf ihre Armbanduhr, mimt ziemlich unglaubwürdig abruptes Erschrecken, wuchtet sich aus ihrem Stuhl hoch und verkündet: »O Gott, ich sollte längst weg sein.« Mit einem flüchtigen Winken nickt sie uns noch einmal kurz zu und ist gleich darauf verschwunden.

Als sie weg ist, blicken Wolfgang und ich uns lange wortlos an. Dann prustet er los: »Morbus Knowley-Betterstone. Genial!«

Nach einer erneuten Kicherpause wird er wieder ernst. »Warum tun wir uns das an?«

»Ja, warum nur?«, stimme ich zu. »Warum sagen wir ihr nicht klipp und klar, dass sie uns mit ihrem pseudowissenschaftlichen Gelaber so was von auf den Wecker geht?«

»Ja, wieso lassen wir sie quatschen und quatschen und uns von ihr den ganzen schönen Nachmittag verhunzen? Womit sich ganz allgemein die Frage stellt, warum es uns so schwerfällt, einem anderen zu sagen, dass wir nichts mit ihm zu tun haben wollen, dass er uns gestohlen bleiben kann?«

Ich überlege eine Weile schweigend, dann sage ich: »Vermutlich aus purer Angst. Wir fürchten uns, von jemandem nicht gemocht zu werden, wenn wir derart ehrlich zu ihm sind. Obwohl uns das ja bei Nervensägen wie Heiderose eigentlich total egal sein könnte. Das Bedürfnis nach Harmonie und Zuneigung steckt einfach ganz tief in uns drin. Was meinst du?«

Er nickt. »Ja, ich denke, du hast recht. Hab' mal wo gelesen, dass daran das evolutionäre Erbe unserer steinzeitlichen Vorfahren schuld ist. Die waren schließlich unbedingt darauf angewiesen, von den Sippengenossen gemocht zu werden. Stell dir mal vor, da sammelt eine Frau gerade irgendwelche Beeren für eine leckere Suppe, und plötzlich kracht es im Gebüsch, und vor ihr reißt ein Säbelzahnlöwe mit lautem Brüllen sein Maul auf – mit zwei Reihen vierzig Zentimeter langer Reißzähne darin. Da wäre es schon gut, wenn der Frau auf ihr Geschrei hin jemand zu Hilfe eilt, weil er sie mag und will, dass sie am Leben bleibt. Halten ihre Sippengenossen sie dagegen für einen üblen Kotzbrocken, um den es nicht schade ist, ist sie am Arsch.«

»Da ist sicher was dran«, brumme ich mit gerunzelter Stirn. »Aber das gilt doch für uns schon lange nicht mehr. Schließlich sind wir ...«

»Das kann man so pauschal nicht sagen«, fällt er mir ins Wort. »Vielleicht nicht mehr in unserem Alter. Aber denk doch mal an früher. Als wir noch vom Wohlwollen einer Menge Leute abhängig waren. Von unseren Lehrern zum Beispiel, aber auch von unseren Kollegen und natürlich ganz besonders von unseren Chefs. In meinem speziellen Fall sogar auch von den Schülerinnen. Wenn die einen Lehrer nicht leiden können, weil er gemein oder zumindest abweisend zu ihnen ist, können sie ihm ganz schöne Knüppel zwischen die Beine werfen. Klar, sie können ihn letztlich nicht zum Teufel jagen, aber sie können ihn derart zur Verzweiflung treiben, bis er alles hinschmeißen und nur noch wegwill. Da ist es schon besser, wenn du dir niemanden, der für dich wichtig ist, zum Feind machst und mit allen zumindest einigermaßen gut Freund bist. Auch wenn da vielleicht ganz schöne Vollpfosten dabei sind.«

Während er noch redet, geht mir durch den Kopf, dass ich mich während meiner beruflichen Tätigkeit immer darauf gefreut habe, später im Ruhestand auf die Zuneigung anderer Menschen pfeifen zu können. Und dass ich mir fest vorgenommen habe, nur noch mit solchen Zeitgenossen zu verkehren, an denen mir etwas liegt und denen offensichtlich auch etwas an mir liegt. Und Menschen auf keinen Fall mehr nur deshalb zu ertragen, weil ich aus irgendeinem Grund auf sie angewiesen bin. So wie ich früher auf meine Patienten und Patientinnen. Wobei die allermeisten von ihnen wirklich sehr nett und umgänglich waren. Aber einige wenige waren die reinsten Nervensägen. Hatten ständig etwas zu meckern, waren nie zufrieden und riefen zudem noch permanent bei mir zu Hause an. Selbst am Wochenende. Auch wenn sie genau wussten, dass ich gerade keinen Notdienst hatte. Und dass bei ihnen nichts vorlag, was auch nur im Entferntesten ein sofortiges Eingreifen erforderlich gemacht hätte. Denen vielleicht eine Füllung rausgefallen war, ohne dass sie deswegen die geringsten Schmerzen gehabt hätten. Weswegen sie ohne Weiteres bis Montag hätten warten können. Warum habe ich denen nicht klipp und klar gesagt, dass ich nicht mehr gewillt bin, sie zu behandeln, und sie sich eine andere Praxis suchen sollen? Ich hätte mir eine Menge Stress und Ärger erspart.

»Ich glaube, ich weiß, was dir gerade im Kopf rumgeht«, unterbricht Wolfgang meine Gedanken. Und ich bin sicher, dass er recht hat. Schließlich ahne, ach was, *weiß* auch ich sehr oft, was ihn gerade beschäftigt. Gedankenübertragung als Folge einer langen, tiefen Freundschaft. Dann blickt er mir direkt in die Augen und sagt: »Hättest du Lust auf ein kleines Spielchen?«

»Hä?«, entfährt es mir. Was will er denn jetzt mit einem Spielchen?

»Na ja«, lächelt er mich an. »Spielchen ist vielleicht nicht der richtige Ausdruck. Es geht eher um ein gegenseitiges Versprechen, eine Art Übereinkunft oder wechselseitige Verpflichtung. Und zwar im Hinblick auf Unsympathen wie die nervige Heiderose.«

Langsam dämmert mir, worauf er hinauswill. »Du meinst, jeder von uns beiden soll dem anderen versprechen, einem Bekannten, der ihm auf den Wecker geht, genau das zu sagen? Dass er nichts mehr mit ihm zu tun haben will? Und ihn dann gnadenlos zum Teufel jagen?«

»Na ja«, meint Wolfgang milde lächelnd. »Lassen wir mal den Teufel aus dem Spiel. Aber im Grunde hast du recht. Bis nächsten Freitag machen du und ich jeweils mit einem Menschen Schluss, der uns nervt, an dem uns nichts liegt und mit dem wir bislang nur deshalb nicht den Kontakt abgebrochen haben, weil wir dazu zu feige waren. Vergiss nicht, die Jahre, die uns noch bleiben, werden immer weniger. Da sollten wir unsere Freunde und Bekannten sorgfältig auswählen. Lieber weniger, die man mag und von denen man selbst auch gemocht wird, als ein Haufen Pseudofreunde, die man, wenn man ehrlich ist, am liebsten von hinten sieht.«

»Du meinst solche«, spinne ich den Gedanken weiter, »bei denen man, wenn sie einem zufällig begegnen, reflexartig wegschaut und hofft, dass sie einen nicht gesehen haben und einem jetzt bloß kein Gespräch aufdrängen?«

Wolfgang grinst breit. »Exakt. Genau die. Vielmehr sollten wir unsere begrenzte Zeit ausschließlich Freunden widmen, die uns, wenn wir ihnen etwas erzählen oder ihnen vielleicht sogar ein Geheimnis anvertrauen, aufmerksam zuhören, weil sie sich ehrlich für uns interessieren. Und bei denen das für uns umgekehrt genauso gilt.« Kurze Unterbrechung, dann: »Was meinst du? Wollen wir das mal versuchen?«

Ich überlege noch einmal kurz, dann stimme ich zu: »Einen Versuch ist's wert. Und nächsten Freitag erzählen wir uns dann, wie es uns ergangen ist.«

»Genau. Und geben natürlich auch ehrlich zu, wenn wir es verbockt haben, weil wir die entscheidenden Worte einfach nicht über die Lippen gebracht haben. Ist schließlich gar nicht so einfach.«

Damit beenden wir unser heutiges Treffen. Ich bin mit Zahlen dran, dann verabschieden wir uns mit einer herzlichen Umarmung voneinander.

»Bis nächsten Freitag«, sagt Wolfgang und zerquetscht mir dabei, wie immer, fast die Hand. »Bin sehr gespannt.«

»Ja, bis dann«, erwidere ich. »Ich auch.«

Damit mache ich mich auf den Heimweg und freue mich aufs Wochenende. Wobei sich das bei einem Rentner natürlich nur marginal von einem Wochentag unterscheidet. Wolfgang dagegen hat noch einen wichtigen Termin vor sich: die allwöchentliche Probe mit seiner Band. Vier ältere Herren und eine Dame. Die Männer spielen die Instrumente – Wolfgang zum Beispiel Bassgitarre –, und die Frau singt dazu. Und zwar gar nicht schlecht. Alte deutsche Schlager: »Junge, komm bald wieder«, »Über sieben Brücken musst du gehen« und »Ein Bett im Kornfeld«, um nur einige wenige zu nennen, aber auch eine Menge aktueller Songs in diversen Sprachen. Damit treten sie praktisch jeden Samstag bei irgendeinem Fest auf, vorzugsweise einer Hochzeit. Und lassen es da so richtig krachen. Wolfgang kennt sämtliche Liedtexte auswendig – nicht nur deutsche und englische, sondern auch französische und italienische. Mitsamt den zugehörigen Gitarrengriffen, versteht sich.

Dabei ist sein großes Hobby gar nicht die Unterhaltungsmusik, wie er sie mit seiner Band produziert, sondern neben Fußballgucken die sogenannte Klassik. Man muss ihm nur zwei, drei Takte einer Sinfonie oder eines Instrumentalkonzertes vorspielen, und zwar auch, wenn sie von einem römischen Komponisten aus der Zeit kurz nach Christi Geburt stammen, und schon kann er den Titel präzise benennen. Und die wichtigsten Themen mitpfeifen. Mit seinem enormen musikalischen Gedächtnis würde er in einschlägigen Fernsehquizsendungen – wenn es etwa darum geht, jedes Werk von Protopowieski anhand von nur zwei Takten präzise zu benennen, und zwar mit Angabe des Aufnahmeorts und -datums sowie des Dirigenten – mit Leichtigkeit jeden Preis abräumen, da bin ich mir sicher! Aber daran hat er, wie er sagt, null Interesse. Nun ja, ist ja schließlich seine Sache.

»Lasse nie zu, dass du jemandem begegnest, der nicht nach der Begegnung mit dir glücklicher ist.«

Mutter Teresa,
indische Ordensschwester und Missionarin, 1910–1997

Ab in die Wüste!

Und dann kommt es, wie es in solchen Fällen fast immer kommt und wie ich es schon erwartet habe: Während mir sonst ständig Zeitgenossen über den Weg laufen, die ich lieber von hinten sehe und bei denen ich einem Gespräch, wo und wann immer möglich, aus dem Weg gehe, begegnen mir am Wochenende und den darauffolgenden Tagen ausschließlich Bekannte, die mir total sympathisch sind. Also solche, von denen ich keinen Einzigen auf den Mond schießen möchte.

Egal, ob beim Bummel in der Innenstadt, in der Stadtbibliothek, im Einkaufszentrum oder auf dem Wochenmarkt – ausnahmslos alle, die freundlich lächelnd auf mich zusteuern, um sich nach meinem Befinden zu erkundigen und herzliche Grüße an Ella auszurichten, finde ich rundum nett. Und ich plaudere gern ein paar Minuten mit ihnen. Das ist ja grundsätzlich erfreulich, erhöht aber mit jedem Tag die Wahrscheinlichkeit, dass ich am Freitag kleinlaut bekennen muss, bei dem Bemühen, irgendeinen Kotzbrocken oder Stinkstiefel in die Wüste zu schicken, kläglich gescheitert zu sein. So wird es jedenfalls Wolfgang sehen, denn die Wahrheit wird er mir mit Sicherheit nicht abnehmen. Er hält mich in derlei Dingen ohnehin für ein Weichei, das hat er schon mehrfach betont.

Da hilft nur eins: Ich muss in die Offensive gehen. Und so ertappe ich mich dabei, dass ich immer öfter und immer länger im Treppenhaus unseres Mehrfamilienhauses herumtrödle. Ständig in der Hoffnung, endlich Philipp zu begegnen, dem ich sonst gefühlt mindestens jeden dritten Tag über den Weg laufe. Doch es ist wie verhext: Wann und wie lange auch immer ich im Hausflur herumlungere, von Philipp keine Spur. Aber das liegt vielleicht auch daran, dass mich tief in meinem Inneren eine Stimme zwar leise, aber deshalb nicht minder eindrücklich davor warnt, ausgerechnet an dem Realschullehrer ein Exempel zu statuieren. Und ich kann nicht umhin, der warnenden Stimme Gehör zu schenken. Schließlich ist es ein gewaltiger Unterschied, ob man irgendeinem Typen, dessen Geschwätz man vielleicht zwei-, dreimal im Jahr ertragen muss, ins Gesicht sagt, man wolle mit ihm nichts mehr zu tun haben, oder ob man das bei einem Nachbarn tut, dem man – normalerweise – alle paar Tage über den Weg läuft. Und zwar auch dann, wenn das noch so ein Stinkstiefel ist. Dazu ist mir an einer friedlichen und harmonischen Beziehung zu den Nachbarn – außer Philipp wirklich samt und sonders überaus umgängliche Leute – viel zu sehr gelegen. Ich will jedenfalls nicht derjenige sein, den die übrigen Bewohner am Ende dafür verantwortlich machen, den Frieden im Haus durch mein Verhalten irreparabel zerstört zu haben.

Inzwischen ist es Donnerstag, und ein potenzielles Opfer ist nach wie vor nirgends in Sicht. Ja nun, werden Sie jetzt sicher sagen, ich solle doch froh sein, dass ich mit den meisten Zeitgenossen gut auskäme und dass es in meinem Umfeld offenbar nur sehr wenige Widerlinge gebe, die ich gerne zum Teufel schicken würde. Und das stimmt natürlich. Wer ist denn schon scharf auf Unfrieden und Streit? Dennoch wurmt mich das Ganze gewaltig. Weil Wolfgang nämlich morgen mit Sicherheit mit einem Erfolg prahlen wird. Verstehen Sie das jetzt bitte nicht falsch. Mein

Freund ist – auch wenn er selbst das bisweilen anders sieht – ganz bestimmt kein streitlüsterner Fiesling, der ständig mit anderen im Clinch liegt, das ganz sicher nicht. Vielmehr weiß ich von etlichen gemeinsamen Bekannten, dass sie ihn genauso schätzen wie ich. Aber fest steht auch, dass er konsequenter und kompromissloser agiert als ich. Was er sich vorgenommen hat, setzt er auch durch und geht dabei keiner Auseinandersetzung aus dem Weg. Gegen ihn bin ich, das muss ich leider zugeben, tatsächlich eher ein Schwächling oder Weichei, dem grundsätzlich zuallererst an Harmonie gelegen ist. Auch wenn ich dadurch bei Meinungsverschiedenheiten oft den Kürzeren ziehe. Mehr als einmal hat Ella mir in Konfliktsituationen vorgehalten, ich wäre nicht durchsetzungsstark genug und würde – Originalton Ella – lieber den Schwanz einziehen als einmal so richtig auf den Putz hauen.

Wenn ich ehrlich bin, muss ich zugeben, dass sie nicht ganz unrecht hat. Inzwischen bereue ich nämlich fast, mich auf den Deal mit Wolfgang eingelassen zu haben. Denn auch, wenn mir Heiderose mindestens genauso auf den Wecker geht wie ihm und ich eine Menge dafür gäbe, mir ihre nervigen Vorträge nicht mehr länger anhören zu müssen, fällt es mir – das wird mir von Tag zu Tag bewusster – verdammt schwer, ihr das offen ins Gesicht zu sagen. Wer weiß, wie sie reagiert? Vielleicht trifft sie von lauter Schreck und Enttäuschung der Schlag? Nein, bevor ich das riskiere, höre ich mir lieber auch weiterhin ihr aufdringlich-dümmliches Gesülze an. Hat ja bislang noch immer irgendwann aufgehört.

Und während mir derlei Gedanken immer öfter und qualvoller durch den Kopf gehen, eröffnet sich mir plötzlich eine nicht mehr für möglich gehaltene Chance, der Herausforderung doch noch gerecht zu werden und die mit Wolfgang vereinbarte Prüfung zu bestehen. Ach, was sage ich, zu bestehen, eine Eins mit Stern zu bekommen! Und das kommt so:

Am Donnerstagabend findet mal wieder eine Jägerversammlung, ein sogenannter Hegeringabend, statt. An derlei Veranstaltungen nehme ich im Großen und Ganzen ganz gerne teil, kommt man dabei doch immer wieder mit Gleichgesinnten in Kontakt und erfährt interessante Neuigkeiten. Denn mit der Jagd ist es wie mit so vielem anderen auch: Man kann noch so viel Erfahrung haben und in fachlichen Dingen noch so fit sein, es gibt doch immer wieder andere Meinungen oder Verfahrensweisen, die es wert sind, dass man darüber nachdenkt, oder sie vielleicht sogar übernimmt. Und so sitze ich an diesem Abend frohgemut an einem Tisch, als sich ein jüngerer Mann zu mir gesellt, den ich bislang zwar schon ein paarmal bei irgendwelchen jagdlichen Events gesehen, mit dem ich aber nie mehr als ein knappes Hallo gewechselt habe. Er scheint genau zu wissen, wer ich bin, denn er redet mich – unter Jägern üblich – mit dem korrekten Vornamen an, sodass ich mich nicht mehr vorstellen muss, und fragt dann scheinbar interessiert, wie es mir gehe und was das Waidwerk so mache.

Über sein Interesse erfreut, beginne ich zu erzählen, doch dann fällt mir plötzlich auf, dass er mich überhaupt nicht ansieht, sondern seine ganze Aufmerksamkeit einem Smartphone widmet, das aufgeklappt vor ihm auf dem Tisch liegt. Wie unhöflich, geht es mir spontan durch den Kopf, und einen Augenblick lang bin ich versucht, ihn – wie früher mein Klassenlehrer in der Schule – aufzufordern, das, was ich gerade gesagt habe, zu wiederholen. Doch das verkneife ich mir natürlich und denke dabei an Wolfgang. Wenn der nämlich – so hat er mir wiederholt versichert – etwas nicht will, dann auch nur eines der vielen Vorurteile, mit denen Lehrer permanent konfrontiert sind, zu bestätigen. Jahr für Jahr immer wieder dasselbe erzählen, nachmittags frei haben und dazu der viele, viele Urlaub – Sie wissen schon.

Also bitte ich ihn höflich, mir seinerseits von seinen jagdlichen Erlebnissen zu berichten. Vielleicht erfahre ich so ja wirklich etwas Neues, mit dem ich etwas anfangen kann. Doch außer einem in Bezug auf Umgangsformen höchst fragwürdigen »Hä?« erhalte ich keine Antwort. Also wiederhole ich meine Bitte, aber auch diesmal rede ich praktisch ins Leere, weil der Bursche, während ich mit ihm rede, die ganze Zeit hemmungslos auf seinem Handy rumtippt. Langsam werde ich echt sauer. Was bildet sich der Kerl ein? Immerhin ist er mindestens 30 Jahre jünger als ich, da darf ich ja wohl ein Mindestmaß an Respekt erwarten! Und wenn der nur darin besteht, dass er mir kurz zu verstehen gibt, etwas Wichtiges regeln zu müssen und gleich wieder gedanklich bei mir zu sein. Ist ja immerhin möglich. Doch weit gefehlt. Ohne mich auch nur eines weiteren Blickes zu würdigen, hantiert der Kotzbrocken unverdrossen mit seinem Gerät rum und nimmt dabei auch mit Sicherheit nichts von dem wahr, was der Referent des heutigen Abends, ein pensionierter Oberforstrat, über die Hege des Niederwilds und speziell der Rebhühner vorträgt. Aber das ist schließlich seine Sache. Wobei ich mich natürlich frage, was mein Tischnachbar denn hier will, wenn er die ganze Zeit ausschließlich mit seinem Smartphone beschäftigt ist. So ein Depp!

Aber was soll's. Ist schließlich nicht mein Problem, wenn der Kerl von dem wirklich fesselnden Vortrag nichts mitbekommt. Ich jedenfalls höre aufmerksam zu. Das heißt, ich versuche, aufmerksam zuzuhören. Doch in meinem Inneren rumort es. Denn wenn ich etwas partout nicht ausstehen kann, dann ist das Unhöflichkeit und Rücksichtslosigkeit. Oder das Gefühl, grundlos nicht beachtet zu werden. Wenn sich etwa beim Bäcker die beiden Verkäuferinnen fröhlich miteinander unterhalten und dabei so tun, als wäre ich, der ich Augen rollend vor dem Tresen stehe, Luft.

Schließlich ist das Rebhuhn-Referat vorbei, und ich gebe der Bedienung ein Zeichen, dass ich zahlen will. So geladen wie ich bin, wäre ich für jeden anderen Jäger, mit dem ich an diesem Abend vielleicht noch ins Gespräch käme, alles andere als ein angenehmer Gesprächspartner. Da ist es besser, ich verlasse die Veranstaltung und trinke zu Hause noch mit Ella gemütlich ein Glas Wein. Erfahrungsgemäß bringt mich das, wenn ich so richtig in Rage geraten bin, am schnellsten wieder runter.

Doch gerade, als ich in meinem Geldbeutel nach passenden Münzen krame, wendet sich mein Nachbar – ich weiß immer noch nicht, wie er heißt – mir zu und fragt mich doch tatsächlich scheinbar interessiert – Sie ahnen es –, wie es mir gehe und was die Jagd in meinem Revier so mache? Will der mich verarschen? Doch ein Blick in sein Gesicht scheint eher zu sagen, dass er auf meine Antwort wirklich gespannt ist. Also beginne ich, all das, was ich vorhin schon einmal berichtet habe, noch einmal zu erzählen. Vielleicht habe ich ihm ja Unrecht getan, geht es mir kurz durch den Kopf. Vielleicht musste er ja wirklich etwas überaus Wichtiges klären, da waren meine Worte für ihn natürlich nebensächlich. Doch dann trifft mich fast der Schlag! Denn als ich kurz Luft hole und dabei aufsehe, stockt mir der Atem. Sie können sich denken, warum. Statt meinen Worten zu lauschen, ist der Bursche schon wieder intensiv mit seinem Gerät zugange. Und hört mir ganz offensichtlich auch diesmal nicht die Spur zu.

»Jetzt reichts!«, will ich gerade empört ausrufen, da kommt mir eine bessere Idee. Ich schiebe meinem Tischnachbarn auf der anderen Seite einen Zettel mit den Fragen zu: »Kennst du den Typen? Und hast du vielleicht sogar seine Handynummer?«

Der zwinkert mir verschwörerisch zu. Offensichtlich ahnt er, was ich vorhabe. Dann flüstert er seinerseits dem Jäger neben sich etwas ins Ohr und kritzelt gleich darauf ein paar Zahlen auf meinen Zettel. Den gibt er mir grinsend zurück. Ich bedanke mich kopfnickend und tippe eine SMS-Nachricht in mein Smartphone: »Arrogantes Arschloch!« Doch das erscheint mir dann doch ein wenig zu krass. Nicht dass mich der Kerl am Ende noch wegen Beleidigung verklagt, das wäre die Sache dann doch nicht wert. Deshalb ändere ich meine Nachricht in »Arroganter Volldepp«, schicke sie mit einem Klick an die Nummer und hoffe dabei inständig, dass es wirklich die des Stinkstiefels ist. Da höre ich auch schon das bekannte »Bing«. Der Typ runzelt kurz die Stirn, dann liest er. Einen Moment stutzt er und muss wohl erst nachdenken, wer ihm eine derart unfreundliche Message geschickt haben könnte. Dann geht ihm offensichtlich ein Licht auf. Zuerst fragend, dann eher verwirrt und schließlich stinksauer blickt er mich an.

Darauf habe ich nur gewartet. Ich nicke ihm kurz zu, stehe auf und verschwinde ohne ein weiteres Wort. Auf dem Heimweg habe ich Mühe, vor lauter Hochgefühl nicht zu singen. Ich bin von meinem Mut, den ich mir noch heute Nachmittag selbst nicht zugetraut hätte, wie berauscht. So also fühlt sich die Freiheit des Alters an!

Am Freitagnachmittag sind wir diesmal zu dritt. Wolfgang hat mal wieder seinen Freund Manfred mitgebracht, einen wirklich netten Kerl, der schon mehrfach ein Bier mit uns getrunken hat. Er ist schätzungsweise in unserem Alter, war früher Urologe im hiesigen Krankenhaus, ist schon länger im Ruhestand und noch ein paar Jahre länger verwitwet. Seither hockt er die meiste Zeit allein zu Hause, liest nach eigenem Bekunden ein Buch nach dem anderen, sieht bis in die Nacht fern und langweilt sich ansonsten zu Tode. Wie Wolfgang mir berichtet hat, hat Manfred gerade eine mehrjährige Beziehung hinter sich, deren Ende ihm, vor allem, wenn er allein zu Hause rumhängt, schwer zu schaffen macht. Deshalb gesellt er sich gerne zu uns.

Nachdem wir uns gegenseitig zugeprostet haben, sieht Wolfgang mich fragend – und wie ich finde, ein wenig spöttisch – an. Ganz offensichtlich rechnet er nicht damit, dass ich mit einer Erfolgsmeldung aufwarten kann. Da hat er sich aber getäuscht! Stolz berichte ich von meinem Erlebnis mit dem Jagdkameraden, nein, zu viel der Ehre, mit dem Ebenfalls-Jäger. Das Ergebnis ist anerkennender Beifall – auch von Manfred, den Wolfgang kurz über unsere Vereinbarung ins Bild gesetzt hat.

Dann ist Wolfgang an der Reihe. Wie nicht anders erwartet, kann auch er von einer erfolgreichen Aktion berichten. Derjenige, den er zum Teufel gejagt hat, war ein langjähriger Bekannter, wesentlich jünger als wir drei und nach Wolfgangs Bekunden »ein besserwisserischer Quengler übelster Sorte«.

»Seine Lieblingsfloskeln, mit denen er so gut wie jede Äußerung beginnt«, klärt uns Wolfgang auf, »sind ›Armes Deutschland!‹ und ›In welcher Welt leben wir eigentlich!‹. Begleitet von einem langen, gequälten Augenaufschlag. Dann folgt endloses Lamentieren. Über alles und jedes. Über den Klimawandel, die weltweite Überbevölkerung, die viel zu vielen Migranten, das marode Gesundheitswesen, den überbordenden Bürokratismus, den viel zu dichten Straßenverkehr und die unerträgliche Jugend von heute, um nur einige seiner Lieblingsthemen zu nennen. Und natürlich über unsere Politiker, die er samt und sonders für unfähig, korrupt und machtgeil hält.«

»Ja, so einen kenne ich auch«, pflichtet Manfred ihm bei. »Eine Nervensäge schlimmster Art, sage ich euch.«

Wolfgang nickt eifrig. »Genau. Wobei ...« Er denkt kurz nach. »Wobei ich nicht verschweigen will, dass er mit ein paar Dingen, die er anprangert, gar nicht mal unrecht hat. Als ich ihn letzten Dienstag zufällig im Rathauscafé getroffen habe und nicht mehr so tun konnte, als hätte ich ihn nicht gesehen, setzte er sich, ohne dass ich ihn dazu aufgefordert hätte, kurzerhand zu mir an den Tisch und begann, mich gnadenlos vollzulabern. Womit er dann nicht mehr aufhörte. Eines der Themen, über das er sich ganz besonders aufgeregt hat, waren die Preise.«

»Weil sie ihm zu hoch waren?«, frage ich dazwischen.

»Nein, weil so viele davon auf Komma-99 enden. Bis hin zu 99 Euro 99. Er nennt das totale Volksverarschung.«

»Ja nun«, sage ich, »das ist es ja auch wirklich. Als ob jemand so blöd wäre, etwas nur deshalb nicht zu kaufen, weil es 50 statt 49,99 Euro kostet.«

»Heutzutage geht das ja noch«, schaltet sich Manfred ein. »Den Scannerkassen ist der Preis schließlich vollkommen schnuppe. Aber früher, als die Frau an der Kasse noch jeden Betrag einzeln per Hand eintippte, mussten sie die Neunertaste jeden Abend auswechseln, weil die total abgenutzt war.«

»Genau«, pflichtet Wolfgang ihm bei. »Das hat tatsächlich eine Menge mit Volksverdummung zu tun. Genau wie das stereotype Komma-neun bei den Benzinpreisen. Ich frage mich echt, was das soll. Wenn du beispielsweise fünfzig Liter tankst, macht das lächerliche fünf Cent aus. Total idiotisch!« Er wartet, bis wir zwei beifällig genickt haben, dann fährt er fort: »Und bei einem anderen Thema, über das sich der Typ schwer beklagt hat, muss ich ihm auch recht geben: die bescheuerten Anglizismen überall. Wer sagt denn heute noch ›Schlussverkauf‹? Überall hört und liest man nur noch ›Sale‹. Wobei ich neulich irgendwo sogar noch die Steigerung ›Kids Sale Inside‹ gelesen habe. Als würden drinnen Kinder verkauft.«

Manfred zuckt mit den Schultern. »Noch doofer finde ich ja die neumodischen Berufsbezeichnungen, die vor allem in Firmen beliebt sind, die sich für besonders innovativ und weltoffen halten. Da ist dann der ehemalige Personalchef plötzlich ein ›Human Resource Manager‹. So gut wie durchgesetzt hat sich inzwischen ja schon die Bezeichnung für den Firmenchef beziehungsweise die Abkürzung dafür: CEO – natürlich englisch ausgesprochen. Das bedeutet, wie ihr sicher wisst, ›Chief Executive Officer‹, hat aber mit einem befehlsgebenden Offizier im militärischen Sinn nicht das Geringste zu tun.« Er macht eine kurze Pause, und wir nicken schulterzuckend. Dann fährt er fort: »Total idiotisch wird das Ganze, wenn wir englisch klingende Begriffe verwenden, die es im wirklichen Englisch gar nicht gibt. ›Handy‹ etwa. Wenn du einem Engländer sagst, du suchst nach deinem Handy, hat der keine Ahnung, was du meinst. Weil die Dinger in England ›mobile phone‹ heißen.«

»Richtig«, stimme ich zu. »Aber sogar das lässt sich noch toppen. Nämlich durch die mittlerweile geradezu populär gewordene Bezeichnung ›public viewing‹. Denn wenn du in England jemandem erklärst, du gehst jetzt zu einem *public viewing*, denkt der mitnichten, du willst dir inmitten Gleichgesinnter die Übertragung einer Sportveranstaltung ansehen, sondern glaubt vielmehr, du bist auf dem Weg ins Leichenschauhaus. ›Public Viewing‹ bedeutet nämlich im Englischen schlicht ›Leichenschau‹. Das kann ganz schön peinlich werden.«

»Das Blödeste«, sage ich kopfschüttelnd, »was ich in dieser Hinsicht gesehen habe, war ein Schild an einer Bäckerei in irgendeinem kleinen Nest: ›Alle Kuchen auch to go.‹ Ich frage euch: Geht's noch dämlicher?« Ich blicke Wolfgang lächelnd ins Gesicht. »Na ja, das Gute ist ja: Von uns Senioren verlangt keiner mehr, dass wir uns derart bescheuert ausdrücken. Doch bis jetzt ist mir, ehrlich gesagt, noch nicht ganz klar, warum dein Bekannter ein nerviger Jammerlappen sein soll? Wo er recht hat, hat er schließlich recht.«

Wolfgang macht eine abwehrende Handbewegung. »Ich habe ja gesagt, dass er manchmal durchaus ein paar lichte Momente hat. Aber danach ging es am Dienstag erst richtig los. Er behauptete, Erderwärmungen wie die aktuelle habe es in der Geschichte der Menschheit schon viele gegeben, und es sei noch immer wieder kälter geworden. Oder unsere Politiker seien allesamt von fremden Geheimdiensten in ihre Ämter gehievt worden. Und die amerikanische Mondlandung sei ein Fake gewesen, das wisse doch inzwischen jeder, der auch nur ein bisschen denken könne. Und das war erst der Anfang. Was er danach noch an idiotischen Thesen und Argumenten von sich gegeben hat, erspare ich euch lieber. Sonst schmeckt euch am Ende das Bier nicht mehr. Das war wirklich Scheiße in Potenz. Anders kann ich das nicht nennen.«

»Und das hast du ihm dann unverblümt ins Gesicht gesagt?«, fragt Manfred.

Wolfgang grinst breit. »Wortwörtlich. Zwar erst nach einer ganzen Weile, in der ich den Bockmist geduldig über mich habe ergehen lassen, aber dann wortwörtlich. Scheiße in Potenz! Und dass ich weiß Gott anderes zu tun habe, als mir so einen hanebüchenen Bockmist anzuhören. Und dass er das in Zukunft meinetwegen seiner Frau oder seinem Opa erzählen kann, mich aber gefälligst damit verschonen soll.«

»Und wie hat er reagiert?«, will ich wissen. Heimlich beneide ich Wolfgang. Der hat dem Typen klipp und klar an den Kopf geworfen, was ihm nicht passt. Ich dagegen habe mich das nur mittels Handy – halt: Mobiltelefon! – getraut. Sicher mit demselben Effekt, den Stinkstiefel dauerhaft los zu sein, aber doch irgendwie verdruckst. Aber dann tröste ich mich mit dem Gedanken, dass ich in Sachen Skrupellos-ehrlich-Sein ja noch ein blutiger Anfänger bin; mit der Zeit werde ich schon noch mutiger und souveräner werden.

Und während ich noch über meine Zukunft als Falsche-Freun-de-in-die-Wüste-Schicker sinniere, fängt auch Manfred an, uns von einem entfernten Bekannten zu berichten, der ihn jedes Mal, wenn er ihn zu fassen bekommt, massiv nervt. Den nennt er grinsend »Stichwort-Laberer«, weil er, wenn man mit ihm spricht, mit keinem Wort auf das, was man ihm gerade erzählt hat, eingeht, sondern jedes Mal nur auf ein Stichwort wartet, um das Gespräch gnadenlos an sich zu reißen und ausschweifend über eigene Probleme zu labern.

»Beispiele gefällig?«

Wolfgang und ich nicken synchron.

»Wenn du ihm etwa erzählst«, beginnt Manfred, nachdem er ein paar Sekunden nachgedacht hat, »du kämst gerade von Gran Canaria zurück und hättest 14 Tage lang nur Regen gehabt, denkt er überhaupt nicht daran, vielleicht ›Oh, das tut mir aber leid‹ oder sonst etwas in der Richtung zu sagen, nein, er erkundigt sich vielleicht, was du für den Flug bezahlt hast, und erzählt dir dann, dass er da im Internet ein tolles Angebot gesehen hat. Mit Sicherheit viel billiger als deines. Oder er erklärt dir, dass Teneriffa doch viel schöner ist und er dort einmal in einem ›Wahnsinnshotel‹ gewohnt hat. Ganz günstig, dabei aber der absolute Hammer. Und wenn du ihm mit einem Gipsbein begegnest und ihm erzählst, du hättest dir vor ein paar Tagen den Unterschenkel gebrochen und anschließend ein paar Tage im hiesigen Krankenhaus verbringen müssen, sagt er bestimmt, das sei einem Freund von ihm auch schon mal passiert und der sei in der X-Y-Klinik versorgt worden, die ja so viel besser sei als das Krankenhaus hier am Ort.«

»So jemand kenne ich auch«, fällt mir bei seinen Worten ein. »Ist allerdings eine Frau, und nicht einmal eine alte. Ich treffe sie manchmal in der Tiefgarage, die sich unser Haus mit dem Nachbarhaus teilt. Da habe ich ihr vor ein paar Wochen erzählt, dass an meinem Auto ein Rücklicht streikt und ich im Begriff bin, in die Werkstatt zu fahren. Das hat ihr nur ein kurzes Nicken entlockt, dann hat sie mir in aller Ausführlichkeit vorgejammert, dass in ihrer Wohnung einer der elektrischen Rollläden kaputt ist, und zwar bereits zum dritten Mal. Und dass der Motor schon ausgewechselt worden ist, was aber nur kurz geholfen hat. Und dass der Techniker, der deswegen gekommen ist, auch nicht mehr weiterweiß, und dass der Rollladen jetzt oben bleiben muss, was insofern ein Riesenproblem ist, weil ihr jetzt beim Frühstück jedes Mal die Sonne voll ins Gesicht scheint, sodass sie nicht mehr erkennen kann, was in der Zeitung steht. Und dass das doch ...«

»Typischer Fall von Ab-in-die-Wüste!«, unterbricht mich Wolfgang lachend. »Oder von mir aus auch auf den Mond. Von solchen Typen muss man sich gnadenlos trennen. Je früher, desto besser. Spätestens aber, wenn man so alt ist wie wir jetzt. Weil sie einem, auch wenn sie früher vielleicht mal Vorgesetzte oder Geschäftspartner waren oder man sonst wie von ihnen abhing, schlicht nicht mehr ans Leder können.«

Manfred nickt zustimmend. »Erst letzte Woche habe ich einen klugen Satz gelesen, der sich mir fest eingeprägt hat. Ist, glaube ich, von Jean-Jacques Rousseau: ›Die Freiheit des Menschen liegt nicht darin, dass er tun kann, was er will, sondern, dass er nicht tun muss, was er nicht will‹.«

»Zum Beispiel Leuten zuhören, deren dämliches Gelaber einen nicht im Mindesten interessiert«, ergänze ich.

Damit heben wir unsere Gläser und prosten uns grinsend zu.

*»Sowohl in der Dichtung als auch im Leben
ist es niemals zu spät für eine Korrektur.«*

Nancy Thayer,
amerikanische Schriftstellerin, geb. 1943

Besser spät als nie

Dieses Kapitel beginnt mit einem schlechten Gewissen. Mit einem sehr schlechten Gewissen sogar. Nämlich meinem. Das plagt mich zwar schon fast 20 Jahre, aber weniger schlecht ist es in dieser Zeit eigentlich nicht geworden. Und aus heutiger Sicht muss ich zerknirscht feststellen: Es geschieht mir recht!

Die Person, auf die sich das schlechte Gewissen bezieht, ist meine Tante Lore aus Ostfriesland. Bei der habe ich als Kind praktisch sämtliche Schulferien verbracht, von zwei oder drei Weihnachtsferien vielleicht abgesehen. Dabei hat sich zwischen uns eine derart enge Beziehung entwickelt, dass ich sie, vor allem, als ich noch ein Grundschulkind war, die meiste Zeit sogar mit »Mutti« angesprochen habe. Denn das war Tante Lore für mich wirklich: eine Art Ersatzmutter, und zwar eine, die ich von Herzen geliebt habe und die bei mir bis heute, obwohl schon lange tot, noch immer extrem warme Gefühle auslöst. Ich kann mich nicht erinnern, dass sie mich auch nur ein einziges Mal ernsthaft ausgeschimpft hat, obwohl ich jede Menge Mist gebaut, zig Fahrräder ruiniert und einmal sogar vergessen habe, nach dem Anzünden des Ölofens den Kessel zurückzuschieben, sodass kurz darauf alles im Zimmer mit einer fettigen Rußschicht überzogen war. Selbst als ich, inzwischen fast erwachsen, nach einem heftigen Besäufnis im Dorfkrug nachts ins Schlafzimmer gekotzt habe – was ich in meinem Zustand allerdings überhaupt nicht mitbekommen habe –, hat sie das Erbrochene am frühen nächsten Morgen wortlos aufgewischt und mir deswegen keinen Vorwurf gemacht.

Dabei hätte die liebe Tante Lore allen Grund gehabt, eine verbitterte Frau zu werden, die ihres Lebens nicht mehr froh wird und dies – bewusst oder unbewusst – an all den Leuten auslässt, mit denen sie zu tun hat. Denn nachdem sie im Krieg ihren Mann verloren hatte, starb ihr Sohn, mein geliebter Vetter Hanno, mit knapp über 40 ganz plötzlich an einem vollkommen unerwarteten Herzinfarkt, und sein einige Jahre jüngerer Bruder, mein Vetter Paul, kam bei einem Unglück an Bord eines Schiffes um, auf dem er als Erster Offizier zur See fuhr. Doch von verbittert konnte bei Lore überhaupt keine Rede sein. Die liebe Tante war die Güte in Person. Immer verständnisvoll und nachsichtig, nie gereizt oder bösartig. Wie gesagt, ich habe sie geliebt. Und zwar aus tiefstem Herzen.

Womit wir zu meinem schlechten Gewissen kommen. Denn auch Tante Lore hatte natürlich nicht das ewige Leben. Mit Ende 70 einer Lebensphase, in der es ihr gesundheitlich eigentlich recht gut ging, starb sie vollkommen unerwartet. Ging abends zu Bett und wachte morgens nicht mehr auf. Hatte also das, was man gemeinhin einen schönen Tod nennt. Immerhin so etwas wie ausgleichende Gerechtigkeit.

Und was kommt unweigerlich nach dem Ableben? Die Beerdigung. Hier muss ich zu meiner Entlastung sagen, dass meine Cousine Margit, Lores Tochter und einziges verbliebenes Kind, am Telefon ausdrücklich betont hat, sie rechne nicht mit meinem Erscheinen. Schließlich seien 700 Kilometer hin und 700 wieder zurück kein Pappenstiel, und außerdem hätte ich bestimmt jede Menge Patienten, die ich wegen der Beerdigung ganz sicher nicht ab- und umbestellen müsse. Sie habe dafür vollstes Verständnis.

Soweit die Fakten. Aber was sind schon schnöde Fakten gegen das überwältigende Gefühl, das mir Tag und Nacht zuraunte: »Fahr hin! Das bist du Tante Lore schuldig!« Klar, sie selbst hätte von meinem Besuch nichts mehr. Und ihre in der Nähe lebenden Angehörigen, in erster Linie besagte Tochter und deren vier Kinder – zwei davon waren selbst schon wieder Eltern –, wären mir, wie sie einhellig betonten, ganz bestimmt nicht böse, wenn ich zu Hause bliebe. Ich könne ja auch dort lieb an sie denken. Aber mein Gewissen wischte all diese Rechtfertigungsversuche gnadenlos beiseite.

Was soll ich sagen? Ich blieb zu Hause, und offensichtlich war mir deswegen tatsächlich niemand ernsthaft böse. Zumindest kein Verwandter oder Bekannter. Wer mich jedoch gnadenlos zur Sau machte, war meine innere Stimme. Die plagte mich rund um die Uhr mit Vorwürfen wie »Hast du vergessen, was sie alles für dich getan hat?«, »War sie für dich nicht so viel wie eine Mutter?«, »War sie doch, oder? Würdest du der Beerdigung deiner Mutter auch fernbleiben, weil du lediglich eine Menge Arbeit hast und dafür zwei Tage opfern musst?«, »Du hast dich in den letzten Jahren viel zu wenig um Tante Lore gekümmert, das ist schäbig genug von dir. Jetzt könntest du das zumindest ein kleines bisschen gutmachen. Und da zögerst du?« Und – am schlimmsten –: »Wenn du jetzt nicht fährst, wird dich dein ganzes Leben lang ein schlechtes Gewissen plagen. Was sind zwei Tage gegen ein ganzes Leben!«

Und genau so ist es gekommen! In der Tat hätte ich mich als Erwachsener, nachdem ich die liebe Tante in all den Jahren nur noch ganze drei Mal besucht hatte, viel mehr um sie kümmern müssen. Die Vorwürfe, die ich mir deswegen immer wieder gemacht habe, habe ich mit der Entschuldigung »beim besten Willen keine Zeit« zu besänftigen versucht. Das hat sogar einigermaßen geklappt. Aber eben nicht in Bezug auf ihre Beerdigung. Hätte ich nicht durch mein Erscheinen Margit und ihrer Familie noch einmal deutlich zu verstehen geben müssen, wie viel mir an ihrer Mutter und Oma gelegen war? Wie viel ich ihr zu verdanken hatte, und wie sehr ich bis zu ihrem Tod an ihr gehangen habe? Auch wenn ich sie in den letzten Jahren geradezu sträflich vernachlässigt hatte.

Um es kurz zu machen: Meine innere Stimme hat voll und ganz recht behalten, und das miese Gefühl, das mich immer wieder überfällt, wenn ich an Tante Lore zurückdenke, ist im Lauf der Zeit eher stärker als schwächer geworden. Und wenn ich ganz ehrlich zu mir selbst bin: Ich hätte es wissen müssen!

Im auf die Beerdigung folgenden Winter habe ich dann versucht, mein Gewissen dadurch zu besänftigen, dass ich zum Begräbnis eines Onkels nach Augsburg gefahren bin. Was natürlich von Anfang an nicht funktionieren konnte. Denn erstens kann man nicht einen schweren Fehler einfach dadurch ungeschehen machen, dass man einen weiteren vermeidet. Das wäre ja, als ließe sich die Lüge einem Menschen gegenüber durch besondere Aufrichtigkeit einem anderen gegenüber wettmachen. Und zweitens waren die beiden Todesfälle überhaupt nicht miteinander zu vergleichen. Zu dem verstorbenen Onkel hatte ich nie einen heißen Draht gehabt, und für die Teilnahme an der Trauerfeier musste ich wegen der erheblich geringeren Entfernung gerade mal einen Nachmittag die Praxis schließen. Das einzig Gute an der Aktion war, dass ich auf diese Weise mal wieder meine Cousine Gitta traf, mit der ich während meiner Studentenzeit so manche heiße Party gefeiert und dabei bedauert hatte, dass aus uns wegen des engen Verwandtschaftsverhältnisses kein Paar werden konnte. Ich meine, so eines mit allem Drum und Dran, Sie wissen schon. Weil sie das offenbar genauso sah, hatten wir uns später nicht weiter umeinander gekümmert und schließlich aus den Augen verloren. Uns jetzt anlässlich des Todes ihres Vaters wiederzusehen, empfanden wir beide trotz des traurigen Anlasses als schön. Aber das war es auch schon. Die anderen Trauergäste kannte ich allenfalls oberflächlich, und bereits während der abendlichen Heimfahrt wurde mir vollkommen bewusst, dass mein Gewissen Tante Lore gegenüber noch genauso schlecht war wie zuvor.

Womit ich wieder zu Wolfgang und unserem wöchentlichen Stammtisch komme. Als ich ihm nämlich von meinem Problem mit der Tante aus Ostfriesland erzähle, sagt er, nachdem er schweigend zugehört und dabei mehrfach bestätigend genickt hat: »Ja, ja, die verflixte innere Stimme. Wir sollten viel mehr auf sie hören.« Und dann erzählt er mir, dass auch ihm seit Längerem ein schlechtes Gewissen zu schaffen macht. Wegen eines ehemaligen Kollegen und Freundes, mit dem es wegen einer beruflichen Angelegenheit zum Bruch gekommen ist. Vor mehr als zehn Jahren. Dass er sich heftige Vorwürfe mache, nie den Versuch unternommen zu haben, den Riss zu kitten und vielleicht wieder zusammenzukommen.

»Immer wieder wollte ich ihn anrufen«, sagt er und sieht dabei richtig zerknirscht aus. »Zweimal hatte ich sogar schon den Telefonhörer in der Hand. Und habe am Ende doch jedes Mal gekniffen. Dabei wäre doch das Schlimmste, was passieren kann, dass er mir an den Kopf knallt, ich könne ihm gestohlen bleiben und er wolle nie wieder etwas mit mir zu tun haben. Das würde mich zwar sehr schmerzen, aber immerhin wäre ich dann das miese Gefühl los, es nicht wenigstens probiert zu haben.«

»Schließlich kann so was ja auch klappen«, überlege ich laut und erzähle ihm von Doris und Franz aus Fulda. Mit denen waren wir vor vielen Jahren mal dick befreundet. Sie hatten ein Jahr vor Ella und mir geheiratet, und die beiden Hochzeitsfeiern waren nur zwei von zahlreichen feucht-fröhlichen Feten, bei denen wir gemeinsam, wie man so schön sagt, die Sau rausließen. Wir besuchten uns regelmäßig gegenseitig und hatten jedes Mal eine Menge Spaß miteinander. Dann wurden Doris und Ella praktisch gleichzeitig schwanger und jede brachte neun Monate später ein properes Mädchen zur Welt. So weit, so gut. Zwei Jahre später dann die nächsten Schwangerschaften. Und mit denen begann das Dilemma. Denn bei beiden Frauen ergaben mehrere Ultraschalluntersuchungen, dass es wieder Mädchen waren, die in ihren Bäuchen heranwuchsen. Also dachten sie gemeinsam mit uns

Männern über mögliche Namen nach. Wobei in Bezug auf Ella und mich von Nachdenken eigentlich keine Rede sein kann, denn wir waren uns schon lange bevor sie schwanger wurde, einig gewesen, dass das nächste Baby, sofern es wieder eine Sie wäre, Meike heißen sollte. Was wir natürlich auch unseren Freunden mitteilten. Umso erstaunter und dann zunehmend sauer waren wir, als Doris uns eines Tages verkündete, ihre Tochter werde ebenfalls Meike heißen. Das hätten sie und Franz schon viel früher als wir festgelegt. Es wäre also nur fair von uns, wenn wir uns für einen anderen Namen entschieden.

Davon aber wollte Ella nichts wissen. »Unser Baby wird eine Meike, Schluss, aus, Ende der Debatte!«, verkündete sie lautstark, als wir das nächste Mal mit Franz und Doris zusammensaßen. Was denen – irgendwie ja verständlich – ganz und gar nicht passte. Schließlich seien sie es gewesen, die auf den hübschen Namen gekommen wären, und es gebe ja weiß Gott noch genug Alternativen.

Um die Geschichte nicht unnötig in die Länge zu ziehen: Diese lächerliche Meinungsverschiedenheit wuchs sich in den nächsten Wochen zu einem veritablen Streit aus. So als hätten wir uns gegenseitig wüst beleidigt oder gar geprügelt. Die Fronten verhärteten sich immer mehr, wobei – das richtet sich jetzt nicht generell gegen Frauen – vor allem Ella und Doris nicht müde wurden, sich gegenseitig hinterhältige Absichten zu unterstellen, während wir Ehemänner eher geneigt waren, nachzugeben und am Ende sogar den aus heutiger Sicht reichlich skurrilen Vorschlag machten, die eine Tochter Meike und die andere Maike zu nennen. Fragen Sie mich nicht, was das hätte bringen sollen.

Inzwischen waren die Bäuche der Damen rund und prall geworden, ohne dass sich ein Ausweg aus der verfahrenen Situation abgezeichnet hätte. Und noch vor den Geburten hatten wir uns derart zerstritten, dass wir nicht mehr miteinander sprachen. Wobei es dabei auch bis vor wenigen Monaten geblieben ist. Der Witz – na ja, zum Lachen ist das eigentlich nicht – an der Sache war dann, dass Ella gar kein Mädchen, sondern einen properen Jungen zur Welt gebracht hat. Was laut Gynäkologin gar nicht so selten vorkomme. Weil die Ultraschalldiagnose »Mädchen« eben doch immer mit einer gewissen Unsicherheit behaftet sei. Unsere Verwirrung hielt nicht lange an, war doch ein Pärchen schon immer die Nachwuchs-Konstellation gewesen, die wir uns gewünscht hatten. Eigentlich hätte der Namensstreit dadurch beendet sein können, aber es waren schon zu viele böse Worte gefallen. Doris nannte ihre Tochter also Meike, und wir? Wir tauften unseren Sohn auf den Namen Maik. Schon ein bisschen gemein, oder?

Fakt ist, dass wir uns seit damals – das Ganze ist inzwischen mehr als 30 Jahre her – nicht mehr gesehen oder auch nur miteinander telefoniert hatten. Was wir umso intensiver bedauerten, je mehr der eigentliche Anlass des Streits in Vergessenheit geriet. Vor allem bei Anlässen wie der Erlanger Bergkirchweih oder dem Nürnberger Volksfest, bei denen wir früher gemeinsam Spaß ohne Ende gehabt hatten, sehnten wir die alte Freundschaft wieder zurück, machten aber blöderweise keinerlei Anstalten, sie wiederzubeleben. Was bei Doris und Franz, wie wir heute wissen, ganz genauso der Fall war.

Und dann kam eines Tages der Brief, der alles änderte. Doris hatte nämlich in einer Buchhandlung bei der Suche nach einem Geschenk für eine alte Tante in meinem Buch *Pfeif drauf – morgen hast du's eh vergessen!* geblättert und darin eine Menge Autobiografisches über mich und meine Familie gelesen. Da war ihr auf einen Schlag – Originalton Doris – klar geworden, wie idiotisch wir uns alle verhalten hatten. Sie war nach Hause gestürmt, hatte Franz aus dem Buch vorgelesen, beim Verlag meine Adresse erfragt und Ella und mir besagten Brief geschrieben. Wie leid es ihnen tue, dass wir mehr als 30 Jahre keinen Kontakt mehr gehabt hätten, und wie idiotisch wir doch alle vier gewesen seien.

Um die Geschichte zu Ende zu bringen: Der Brief schlug bei uns ein wie eine Bombe, um einen etwas abgeschmackten Vergleich zu bemühen. Dreimal las ich ihn Ella vor, und bei jedem Mal wurden die Tränen, die ihr die Wangen hinabkullerten, dicker. Und als sie sich so weit ausgeheult hatte, dass man sie wieder einigermaßen verstehen konnte, griff sie zum Telefon und rief bei Doris in Fulda an. Das begeisterte Hallo am anderen Ende der Leitung konnte ich auch ohne Lautsprecher problemlos verstehen. Am Wochenende darauf trafen wir uns in einem Hotel auf halber Strecke, quatschten bis in die Nacht miteinander und trennten uns erst am Sonntagnachmittag wieder. Und seither sind wir wieder dicke Freunde. Was Maik und Meike übrigens genauso freut wie uns.

»Das ist genau das, was ich meine«, sagt Wolfgang, der mir schweigend zugehört hat. »Einer muss den Anfang machen und das Risiko eingehen, einen Korb zu bekommen. Aber das war's dann schlimmstenfalls auch schon. Eine abweisende Reaktion am Telefon, per Brief, Mail oder WhatsApp – und damit ist die Sache erledigt. Aber wenn's, wie bei euch, gut geht, ist das doch eine grandiose Sache. Oder etwa nicht?«

»Und ob«, stimme ich ihm zu und spüre richtig, wie meine Augen strahlen. »Einer muss halt den Anfang machen und das Risiko eines Misserfolgs auf sich nehmen. Wobei das ja nun, zumal in fortgeschrittenem Alter, wirklich sehr überschaubar ist.«

»Na ja«, wendet Wolfgang ein. »Die Sache ist natürlich einfach, wenn es um einen derart bescheuerten und im Grunde banalen Streit geht wie bei euch. Wesentlich schwieriger wird das Ganze, wenn eindeutig eine der beteiligten Parteien an der Misere schuld ist. Weil sie irgendeinen Mist gebaut hat. Dann muss die das nämlich zugeben, und die andere muss bereit sein zu verzeihen. Und da kommt es entscheidend darauf an, ob sich die Schlucht, die sich zwischen beiden aufgetan hat, überhaupt überbrücken lässt. Oder anders gesagt: ob die Freude am Sich-Versöhnen und Wiederzusammenkommen stärker ist als der Groll, der zur Trennung geführt hat.«

»Natürlich«, stimme ich kopfnickend zu. »Wenn die Ursache des Zerwürfnisses etwas wirklich Schlimmes ist, wenn zum Beispiel – wie ich es in der Bekanntschaft echt erlebt habe – ein Mann seinen angeblich besten Kumpel jahrelang mit dessen Frau betrügt, bis der sie schließlich verlässt, werden die beiden Männer selbst mit noch so vielen Briefen und Telefonaten keine dicken Freunde mehr werden. Wobei es höchst unwahrscheinlich ist, dass es überhaupt jemals wieder zu einem Kontakt kommt. Sofern die zwei auch nur ein Fünkchen Grips im Kopf haben, wird keiner von ihnen auch nur den Versuch zur Versöhnung machen.«

»Weil der eine sich mit Sicherheit eine blutige Nase holt«, überlegt Wolfgang laut, »wobei das, denke ich, für Frauen noch mehr gilt als für Männer. Eine Frau ist – zumindest habe ich diese Erfahrung gemacht – in puncto Ablehnung und Feindschaft einer Geschlechtsgenossin gegenüber, die ihr übel mitgespielt hat, in der Regel viel konsequenter als ein Mann. Um nicht zu sagen gnadenloser. Wie sie umgekehrt, wenn es um Liebe geht, im Allgemeinen auch erheblich mehr Gefühl und Herz investiert.«

»Das denke ich auch«, stimme ich zu. »Es ist nun mal so: Je inniger du jemanden liebst und je bedingungsloser du ihm vertraust, desto bitterer bist du enttäuscht, wenn er dir übel mitspielt und dich hintergeht.«

Damit ist für uns das Thema erledigt.

Doch halt, noch nicht ganz. Denn nach einem ausgiebigen Schluck Bier und anschließendem gründlichen Mundabwischen macht Wolfgang mir noch einen Vorschlag: »Wie wäre es mal wieder mit einem kleinen Wettstreit? Was hältst du davon, wenn wir beide jeweils bis nächsten Freitag den Versuch machen, eine in die Brüche gegangene Freundschaft wiederzubeleben? So wie es eure Fuldaer Freunde getan haben?«

»Na gut, einverstanden«, verkünde ich nach kurzem Überlegen.

Und ich weiß auch schon, wer das Ziel meiner Bemühungen sein wird. Wobei es genau genommen mit hoher Wahrscheinlichkeit Ellas Bemühungen sein werden. Und auch Wolfgang sieht aus, als habe er in Sachen Wiederversöhnung bereits eine Entscheidung getroffen.

»Der Schwache kann nicht verzeihen.
Verzeihen ist eine Eigenschaft des Starken.«

Mahatma Gandhi,
indischer Pazifist und Morallehrer, 1869–1948

Altersmilde heißt Verzeihen

Christina war während der Schulzeit und auch noch ein paar Jahre danach Ellas dickste Freundin. »Noch enger kann man mit einem Menschen, der nicht zur Familie gehört, nicht verbunden sein«, hat sie mir mehrfach erzählt. »Wir waren in jeder freien Minute zusammen, haben alle, aber auch wirklich alle unsere Wünsche und Geheimnisse, selbst die intimsten, miteinander geteilt, sodass Christina oft fast so viel von mir wusste wie ich selbst. Wenn nicht sogar mehr. Wenn wir mal länger als eine Stunde getrennt waren, haben wir bis zum Wiedersehen miteinander telefoniert. Stundenlang, auch nachts. Und als ich mich mal in einen jungen Lehrer verknallt hatte, sagte Christina mir das auf den Kopf zu, obwohl ich mir selbst hinsichtlich meiner Gefühle noch keinesfalls sicher war. Als sie dagegen auf Wunsch ihrer Eltern anfing, Jura zu studieren, war mir von Anfang an klar, dass das nichts für sie war und dass sie das Studium nicht zu Ende bringen würde. Das stritt sie zwar anfänglich vehement ab, aber am Ende habe ich recht behalten.«

Und dann lernte Ella einen jungen Mann kennen, in den sie sich Hals über Kopf – »total blind und idiotisch«, wie sie heute sagt – verliebte. Darüber freute sich anfänglich auch Christina, doch dann begann der Typ – »er sah echt fantastisch aus!« –, auch ihr schöne Augen zu machen. Und sie konnte der Versuchung nicht widerstehen, landete mit ihm im Bett und nahm ihn Ella am Ende einfach weg. Worüber die so wütend – mit eigenen Worten: »obermegastinksauer« – war, dass sie ihre Busenfreundin mit einem letzten Telefonat zum Teufel schickte und ihr das ewige Fegefeuer wünschte. Damit war die Freundschaft zwischen Ella und Christina aus und vorbei. Die beiden sprachen nie wieder ein Wort miteinander. Und auch mir erzählte Ella die ganze Geschichte nur ein einziges Mal, das allerdings sehr ausführlich, danach war der Name Christina für uns beide absolut tabu. Und das wäre bestimmt auch in alle Ewigkeit so geblieben, hätte Ella nicht vor einigen Wochen in der hiesigen Tageszeitung von einer Märchenerzählerin gelesen, die kleine Kinder angeblich mit ihren wunderbar vorgetragenen Geschichten verzauberte.

»Christina Hölke-Seiler«, dachte Ella laut nach, als sie den Artikel las. »Glaubst du, dass es den Namen zweimal gibt?«

»Ganz sicher nicht«, antwortete ich. »Ist das ..., das ist doch nicht etwa ...?«

»Und ob sie das ist! Hölke ist ihr Geburtsname, und der Typ, den sie mir damals ausgespannt hat, hieß Helmut Seiler.« Sie denkt einen Augenblick mit hochgezogenen Augenbrauen nach. »Hat sie ihn also am Ende sogar geheiratet.«

Diese Christina, mittlerweile wie wir Anfang 70, ist es, die mir spontan durch den Kopf geht, als Wolfgang und ich im »Magazin« den Plan aushecken, jeweils eine zerbrochene Freundschaft wiederzubeleben. Wenn sie nicht das ideale Ziel für eine solche Aktion ist, wer dann? Doch während ich noch darüber nachdenke, kommen mir erste Zweifel. Denn es geht ja nicht nur um bloßes Wiedergutmachen, also darum, wieder Kontakt zu einer früheren Freundin aufzunehmen, vorher ist noch etwas weitaus Schwierigeres, vielleicht sogar Unmögliches hinzubekommen: besagter Person zu vergeben. Ihr aufrichtig ins Gesicht zu sagen, dass man ihr nicht mehr böse ist. Dass das, was einmal passiert ist, keine Rolle mehr spielt. Ehrlich nicht.

»Glaubst du, dass du das kannst?«, frage ich meine Frau, nachdem sie meinen Plan erstaunlicherweise nicht sofort in Bausch und Bogen – »Die ekelhafte Zicke? Niemals!« – abgelehnt hat.

Und da wird sie sehr nachdenklich. »Ich selbst habe einmal einem Mädchen, das mit mir im Schwimmverein war, ihren Freund ausgespannt. War eine total fiese Aktion.«

»Davon hast du mir nie erzählt.«

Sie schüttelt den Kopf. »Nein, weil ich mich sogar heute noch dafür schäme. Vielleicht geht es Christina mit ihrem Helmut, oder besser gesagt mit mir, ja genauso. Charakterliche Hundertprozenter sind wir schließlich alle nicht. Muss ja nicht wieder eine dicke Freundschaft werden. Wäre doch schon etwas, wenn die ganze Sache zwischen uns einfach abgehakt würde. Wenn sie nicht länger zwischen uns stände. Wenn nicht jetzt, wann dann?« Sie nimmt meinen Kopf zwischen ihre Hände, lächelt mich ganz lieb an und gibt mir einen Kuss. »Hm, jetzt, wenn ich eine Weile darüber nachdenke, könnte ich dir echt dankbar sein. Denn schließlich ...« – noch ein Kuss – »was habe ich schon zu verlieren? Wenn sie mich abblitzen lässt oder mich sogar wüst beschimpft, geht dann die Welt unter?« Und nach einem dritten Kuss: »Nein, tut sie nicht! Und Fakt ist nun mal, dass wir nicht jünger werden. Das heißt, mit jedem Tag, der vergeht, wird die Zeit kürzer, in der wir Dinge, die uns noch am Herzen liegen, zu einem guten Abschluss bringen können.«

Und während sie das sagt, tippt sie schon auf ihrem Smartphone herum und verkündet kurz darauf: »Hier: ›Christina Hölke-Seiler erzählt Märchen.‹ Morgen Nachmittag im Jugendzentrum.« Sie sieht mich aufgeregt an. »Was meinst du, sollen wir hingehen?«

»Klar!«, rufe ich begeistert. »Erstens wollte ich deine frühere Busenfreundin schon immer mal kennenlernen. Wenn du mit ihr so lange dermaßen dicke warst, muss sie ja im Grunde eine tolle Person sein.«

»Und zweitens?«

»Würde mich interessieren, ob sie auch schon mal darüber nachgedacht hat, sich mit dir zu versöhnen. Ist ja oft so, dass nur einer der Beteiligten über seinen Schatten springen und die Initiative ergreifen muss, dann rennt er offene Türen ein. Wie Doris bei uns. Wie haben wir uns über ihren Brief gefreut.«

Und so sitzen wir am nächsten Nachmittag inmitten aufgeregt schnatternder Kinder und ihrer Eltern in einem Raum mit einer kleinen Bühne, die außer einem Stuhl und einem kleinen Tisch komplett leer ist. Kurz darauf ertönt eine Art Gong, dann öffnet sich in der Raumecke eine schmale Tür, und herein kommt die Märchenerzählerin. Aus den Augenwinkeln sehe ich, dass Ella, die von Minute zu Minute aufgeregter geworden ist und jetzt vor Anspannung mehr zappelt als die kleinen Besucher ringsum, ihre Hand vor den Mund schlägt.

»Das ...«, stößt sie atemlos hervor, »... das soll Christina sein?«

»Erkennst du sie nicht wieder?«

Sie schüttelt heftig den Kopf. »Nicht die Spur. An der würde ich, wenn sie mir irgendwo begegnen würde, einfach vorbeigehen.«

»Na ja, sie ist eben auch nicht jünger geworden.« Und dabei denke ich spontan an mein erstes Klassentreffen 30 Jahre nach dem Abitur. In einem Lokal in der Nürnberger Altstadt. Da dachte ich: »Die alten Herren, die mich beim Herankommen so neugierig mustern, sollen meine ehemaligen Schulkameraden sein? Ist das möglich?« Meine Überzeugung, dass ich offenbar der Einzige sei, der sich in all den Jahren praktisch nicht verändert hat, machte eine mehr als vollschlanke Frau mit ihrer Frage gnadenlos zunichte: »Und wer bist jetzt du?«

Erst 20 Jahre später, zum 50. Abi-Jubiläum, hatten wir das nächste Klassentreffen. Da hatte ich doch tatsächlich schon wieder Mühe, den einen oder anderen zu erkennen. Doch was mir besonders auffiel: Die ehemaligen Klassenkameraden und -kameradinnen hatten sich total unterschiedlich verändert beziehungsweise gehalten. Einige sahen aus, als wären die anderen ihre Eltern und einige, als wären sie in Begleitung ihrer Kinder gekommen. Dabei waren wir alle, ein paar Jahre hin und her, derselbe Abitur-Jahrgang. Ich glaube, in keiner anderen Lebensphase unterscheiden sich nahezu gleichaltrige Menschen körperlich so sehr wie im Alter. Und geistig wohl auch. Warum ist das so? Nun, die Wissenschaft sagt, dass unsere physische und psychische Fitness nur zu 25 Prozent, also zu gerade mal einem Viertel, von unseren Genen abhängt. Weitere 10 Prozent gehen auf die Lebensverhältnisse während der Kindheit zurück. Die restlichen 65 Prozent aber hängen davon ab, wie sich unser weiteres Leben abspielt, unter welchen Bedingungen wir älter werden und wie wir unser Dasein gestalten. Entscheidende Faktoren sind dabei neben der Ernährung nachweislich Art und Umfang der Bewegung sowie nicht zuletzt alles, was irgendwie mit Bildung zu tun hat.

Aber lassen wir das. Bleiben wir bei Christina. Der klappt nach ihrem Auftritt, als Ella mit mir im Schlepptau auf sie zukommt, das Kinn nach unten. Dabei reißt sie ihre von unzähligen Falten umgebenen Augen auf und stammelt heiser: »El ... la ... Bist ... bist du ... das?«

Den Bruchteil einer Sekunde schießt mir der Gedanke durch den Kopf, dass meine Frau sich offensichtlich besser gehalten hat als Christina, da macht diese ein paar Schritte auf uns zu, zögert kurz, stößt ein energisches »Ach was!« aus und schließt Ella kurzerhand in die Arme.

Um es kurz zu machen: Christina hat, wie sie mit dicken Tränen in den Augen beteuerte, den Bruch mit Ella »entsetzlich bedauert« und »mindestens 100 000 Mal« daran gedacht, wieder Kontakt zu ihr aufzunehmen. Aber stets hat sie im letzten Moment gezaudert. »Aus lauter Schiss, du könntest mich zum Teufel jagen. Was ich ja, das ist mir inzwischen klar geworden, total verdient hätte.«

Und dann sitzen wir im Rathauscafé und quatschen und quatschen. Fünfzig Jahre sind eine lange Zeit, da gibt es unendlich viel zu erzählen. Ich will Sie nicht mit Einzelheiten langweilen, nur so viel: Christina hatte schnell gemerkt, dass der blendend aussehende Helmut mit den blauen Augen und den süßen Grübchen in den Wangen alles andere war als der strahlende Supermann, für den sie ihn ebenso wie Ella gehalten hatte. Er brachte beruflich nichts zuwege, hielt sich mehr in Kneipen auf als zu Hause, und hatte für nichts und niemanden Interesse, am wenigsten für seine Frau. Und als ihr Verhältnis so weit abgekühlt war, dass sie begann, ernsthaft an Trennung zu denken, war sie plötzlich schwanger. Von der Verwandtschaft massiv bedrängt, heirateten die beiden. Was an Helmuts Verhalten allerdings nicht das Geringste änderte. Selbst als die kleine Emily geboren worden war, trieb er sich nächtelang in ominösen Kaschemmen rum, hatte etliche Affären mit anderen Frauen und trieb Christina schließlich derart zur Verzweiflung, dass sie sich von ihm trennte und schließlich scheiden ließ. Seitdem haben sie und die kleine Emily ihn nie wiedergesehen.

»Und da trägst du noch immer seinen Namen?«, fragt Ella verwundert und streichelt dabei ihrer früheren Busenfreundin die faltigen Hände.

Die winkt ab. »Namen sind Schall und Rauch. Jedenfalls hatte ich seither nur ein paar lose Beziehungen, aus denen nie was Ernstes wurde. Und jetzt erzähle ich, wie du gesehen und gehört hast, kleinen und großen Kindern Märchen.« Zum ersten Mal, seit wir im Rathauscafé sind, geht ein Strahlen über ihr Gesicht. »Und bin total glücklich dabei.«

Soweit zu Ella und Christina. Seit diesem Nachmittag sind sie wieder gute Freundinnen. Christina wohnt nur eine halbe Autostunde von uns entfernt, und die beiden Frauen treffen sich mal hier und mal dort. Sie gehen zusammen shoppen, verabreden sich fürs Kino – nicht gerade mein Hobby – und schwelgen stundenlang in alten Erinnerungen. Neuerdings planen sie sogar, nächsten Frühling ein paar Tage in einer hübschen Pension im Allgäu zu verbringen. Nur die zwei. Ich gönne es ihnen von Herzen.

»Ja, so kann's gehen«, sagt Wolfgang, als ich mit ihm am folgenden Freitag wieder bei einem Bier im »Magazin« sitze. Wobei er das »kann's« auffällig betont.

»Soll das heißen«, frage ich, »dass du mit dem Freundschaft-Reaktivieren keinen Erfolg hattest?«

Wolfgang schüttelt bedächtig den Kopf. »Genau. Ich hab dir doch schon mal von Roland erzählt, oder? Das war ein Lehrerkollege, mit dem ich mich viele Jahre prächtig verstanden habe. Fast könnte man sagen, wir waren Freunde. Und dann war es mit unserem guten Verhältnis von einem Tag auf den anderen vorbei.«

»Wegen einer Frau?«, frage ich. Irgendwie scheint mir das besonders naheliegend. Aber vielleicht ist auch die Geschichte mit Christina an dieser spontanen Assoziation schuld.

Wolfgang winkt ab. »Nein, es ging um etwas Berufliches. An unserer Schule wurde die Stelle des Abteilungsleiters für Gesundheitsberufe frei. Und um die hat sich Roland beworben. Was ihm selbstverständlich freistand. Aber dummerweise hat er mir nie etwas von seinen Ambitionen erzählt, und so kam es, dass auch ich meine Bewerbung eingereicht habe. Und weil ich mehr als zehn Jahre älter und daher in den Augen der maßgeblichen Leute wohl deutlich erfahrener war als er, habe ich den Posten bekommen.«

»Worüber besagter Roland nicht glücklich war«, vermute ich.

»Nicht glücklich ist sehr milde ausgedrückt. Er war stinksauer. Hat mir vorgeworfen, ihn ausgetrickst und hintergangen zu haben. Obwohl ich doch ganz genau wüsste, wie viel ihm die Stelle bedeutet hätte.«

»Was aber nicht stimmte, oder?«

»Nein, ganz ehrlich nicht. Ich hatte null Ahnung. Das habe ich ihm auch gesagt. Aber er hat es als gemeine Lüge bezeichnet. Und seitdem nicht mehr mit mir gesprochen. Volle acht Jahre lang. So lange waren wir nämlich noch Kollegen, dann bin ich ausgeschieden.«

»Und du hast in der ganzen Zeit nie versucht, die Sache wieder hinzubiegen?«

»Und ob ich das habe. Mindestens 100 Mal. Immerhin war ich ja nach meiner Beförderung so etwas wie sein Vorgesetzter. Aber das hat ihn in keinster Weise davon abgehalten, mir, wo immer es ging, Knüppel zwischen die Beine zu werfen. Einzelheiten erspare ich dir lieber. Und bei den anderen Kollegen hat er mich auch nach Kräften angeschwärzt. Was soll ich sagen? Die letzten Jahre an der Schule waren wirklich kein Vergnügen.«

Ich runzle die Stirn. »Und mit dem Stinkstiefel wolltest du dich tatsächlich versöhnen?«

»Genau. Ich hätte davon zwar keinen unmittelbaren Nutzen mehr gehabt, aber unser Zwist hat mich immer belastet. Und zwar auch dann noch, als ich im Ruhestand war und mit der Schule nichts mehr am Hut hatte. Ein paarmal bin ich ihm danach noch irgendwo begegnet. In der Stadt oder bei irgendeinem besonderen Event. Aber er hat jedes Mal getan, als würde er mich nicht kennen.«

»Also, da hast du dir aber auch was vorgenommen«, sage ich und klopfe ihm anerkennend auf die Schulter. »Und du hast ernsthaft geglaubt, das klappt?«

Er nickt bedächtig. »Ja, eigentlich schon. Weil Roland doch inzwischen auch älter geworden ist. Aber offensichtlich noch nicht alt genug. Er ist jetzt wohl Anfang 60, hat also auch nicht mehr allzu lang bis zur Pensionierung.«

»Was meinst du mit ›alt genug‹?«, frage ich und wische mir dabei Bierschaum vom Mund.

»Altersmilde«, antwortet er. »Kennst du doch auch. Wenn man allmählich merkt, dass das Leben nicht mehr endlos ist, verschieben sich die Schwerpunkte. Vieles, was einem früher wichtig war, wird allmählich immer bedeutungsloser. Dafür gewinnen andere Dinge an Wert. Bei mir ist das vor allem das Bestreben nach

Harmonie. Ich möchte einfach nicht, dass sich bei meiner Beerdigung die Leute zuraunen: ›Das war ein totaler Kotzbrocken. Hatte mit allen Streit.‹ Was ja letztendlich so viel heißt wie: ›Ist echt nicht schade um den Typen.‹«

»Na na«, wehre ich ab. »Das kann von dir ja nun wirklich niemand behaupten. Außerdem ist bis zum Ableben ja wohl noch eine Menge Zeit. Du bist ja ...«

»Das kann ganz schnell gehen«, fällt er mir ins Wort. »Fest steht jedenfalls, dass man Differenzen mit einem anderen Menschen nur aus der Welt schaffen kann, wenn der das auch will. Das entscheidende Wort heißt dann: ›verzeihen‹. Egal, wer bei einer Auseinandersetzung im Recht oder im Unrecht war, ohne Verzeihung wird das nichts mit der Versöhnung. Und die Bereitschaft, einem anderen das, was er einem angetan hat, zu vergeben, steigt mit dem Alter. Jedenfalls ist das bei mir so. Das nennt man, wie gesagt, ›altersmilde‹. Und daran hapert es bei Roland eben ganz erheblich.«

»Ist halt doch was dran an dem Spruch, wonach der Klügere nachgibt«, sage ich lächelnd, um dann hinzuzufügen: »Was ich an der ganzen Sache aber immer noch nicht verstehe, ist, dass wir doch eigentlich vereinbart haben, uns jetzt, da wir älter geworden sind, nur noch mit Leuten abzugeben, die uns sympathisch sind, die wir echt mögen. Da ergibt es doch keinen Sinn, deinem bescheuerten Kollegen auch noch nachzulaufen. Sag dir doch einfach ›Pfeif auf den Deppen!‹, und das war's dann.«

Aber so einfach ist das für Wolfgang offenbar nicht. Er und der andere seien schließlich mal so was wie gute Freunde gewesen. Da tue ihm das blöde Missverständnis, das alles ins Rollen gebracht habe, wirklich sehr leid. Und egal, ob sie sich letztlich wieder vertragen oder nicht, wichtig sei ihm, dass der Kollege endlich einsehe, dass er, Wolfgang, an dem Zerwürfnis keine Schuld trage.

»Das wundert mich, ehrlich gesagt«, wende ich ein. »Ich habe dich in derlei Dingen, also was das Zwischenmenschliche betrifft, bisher eigentlich eher für einen scharfen Hund gehalten. Der sich nichts bieten lässt und seinen Standpunkt bis zum bitteren Ende durchsetzt.«

Wie man sich doch in einem Menschen täuschen kann. Einem Menschen, von dem man gedacht hat, ihn bis in den letzten Winkel seines Wesens zu kennen. Wobei das natürlich grundsätzlich eine Illusion ist. Ich glaube, jeder von uns hat Geheimnisse, die er selbst vor seinen engsten Angehörigen und Freunden verbirgt. Irgendwelche Vorlieben und Abneigungen, wenn nicht gar Abgründe, die kein Mensch bei ihm erwartet hätte. Erst letzte Woche stand in der Zeitung ein kurzer Bericht über einen entfernten Bekannten, der in der Nachbarstadt sein Unwesen als Exhibitionist getrieben hatte. Von dieser abnormen Neigung hatte niemand, nicht einmal seine Frau und seine Tochter, die ihn in der Verhandlung als grundsoliden, stets besorgten und die Familie über alles liebenden Ehemann und Vater beschrieben, die leiseste Ahnung. Behaupten sie jedenfalls. Und es gibt keinen Anlass, ihnen nicht zu glauben.

»Ich hätte das einfach gern ein für alle Mal aus der Welt geschafft«, sagt Wolfgang achselzuckend. »Hat irgendwie etwas mit Seelenfrieden zu tun. Aber der Typ hat, als er am Telefon meinen Namen gehört hat, einfach wortlos aufgelegt. Und als ich es dann noch ein zweites Mal versucht habe, ist er gar nicht mehr rangegangen.« Er überlegt eine Weile schweigend, dann fährt er fort: »Ich denke, das ist tatsächlich auch eine Frage des Alters. Der ist schlicht noch zu jung, steckt noch zu tief im Berufsleben. Ich jedenfalls bemerke bei mir von Jahr zu Jahr mehr, dass ich, seit ich im Ruhestand bin, nachsichtiger und verständnisvoller werde. Und hilfsbereiter.«

Ich nicke zustimmend. »Darüber habe ich vor einiger Zeit sogar irgendwo eine Studie gelesen.« Ich krame mein Smartphone aus der Hosentasche, murmle: »Lass mich kurz googeln«, dann habe ich gefunden, wonach ich gesucht habe. Forscher der Universität Cambridge haben mithilfe bildgebender Verfahren die Gehirne von 500 Menschen untersucht und dabei herausgefunden, dass es offenbar einen Zusammenhang zwischen der Struktur bestimmter Hirnbereiche und unseren charakterlichen Eigenschaften gibt. Demnach verändern sich bei einem Großteil der Senioren mit zunehmendem Alter vor allem die Zentren, die für Duldsamkeit, Verträglichkeit und gute Laune zuständig sind. Und zwar dadurch, dass sich die Oberflächenfaltung verstärkt und sich die äußere Nervenzellschicht verdünnt. Doch wodurch auch immer, entscheidend ist die Auswirkung: Je älter wir werden, desto eher sind wir geneigt, anderen gegenüber nachsichtig zu sein und Streit zu vermeiden. Soziologen sehen darin durchaus einen praktischen Sinn. Denn mit jedem weiteren Lebensjahr steigt die Wahrscheinlichkeit, auf die Hilfe anderer Menschen angewiesen zu sein. Und da ist es natürlich von Vorteil, wenn die einen leiden können.«

Ich stecke mein Smartphone weg und wende mich wieder Wolfgang zu, der mir aufmerksam zugehört hat: »Oder würdest du einer alten Frau eine schwere Einkaufstasche in den vierten Stock hochtragen, die dir schon ein paarmal die Haustür vor der Nase zugeschlagen hat?«

Er kratzt sich nachdenklich am Kopf. »Wahrscheinlich nicht. Obwohl ...«

»Ja?«

»... die das ja vielleicht ganz unbewusst getan hat. Das Türzuschlagen meine ich.«

Ich schüttle den Kopf. »Bei dir scheint das mit der Hirnfältelung echt besonders stark ausgeprägt zu sein.«

Er grinst mich breit an. »Ich sage ja: altersmilde.« Dabei hebt er sein Bierglas und sieht mir direkt in die Augen: »Als ob das bei dir anders wäre. Prost.«

»Erfahrung vermehrt unsere Weisheit,
verringert aber nicht unsere Torheiten.«

Josh Billings,
US-amerikanischer Schriftsteller, 1818–1885

Alter schützt vor Torheit nicht

Möchten Sie mal etwas richtig Gruseliges erleben? Etwas, bei dem
Ihnen – und zwar nicht nur im übertragenen Sinn – der Angstschweiß in Strömen ausbricht und die Haare zu Berge stehen?
Dann fahren Sie mit Wolfgang eine Runde Auto. Wobei es völlig
schnuppe ist, ob Sie in einer Großstadt während der Rushhour,
auf einer kurvigen Landstraße oder auf der Autobahn unterwegs
sind. Wenn die Redensart »Er fährt wie der Henker« auf jemanden voll und ganz zutrifft, dann auf meinen Freund Wolfgang.

Ich erzähle das, weil er, nachdem wir uns ausführlich über seine
mir unverständlichen Bemühungen um seinen ehemaligen
Kollegen unterhalten haben, mit verkniffenem Gesichtsausdruck zwei zerknitterte Zettel aus seiner Jackentasche zieht und
vor mir auf den Tisch legt. Zettel, die ich leider ebenfalls kenne,
wenn ich auch noch nie gleich zwei davon auf einmal in Händen
gehalten habe: schriftliche Verwarnungen. Landläufig Knöllchen
genannt.
    »Schon Nummer vier und fünf in diesem Monat«, jammert er
mit weinerlicher Stimme. »Womit habe ich das verdient?«

»Diese Frage ist nicht dein Ernst«, erwidere ich, nachdem ich einen kräftigen Schluck Bier genommen habe. »Vermutlich allesamt wegen zu schnellen Fahrens. Oder kriminellen Überholens. Oder weil du jemanden brutal geschnitten hast. Habe ich recht?«

An dieser Stelle muss ich kurz einfügen, dass wir nach unseren Freitags-Bieren grundsätzlich zu Fuß nach Hause gehen. Und da ich weiß, dass sich Wolfgang auch sonst niemals mit Alkohol im Blut ans Steuer setzen würde, können die Knöllchen eigentlich nur mit überhöhter Geschwindigkeit oder rüpelhaftem Verhalten im Straßenverkehr zu tun haben. Und so ist es auch.

»Stimmt.« Wolfgang nickt mir traurig zu. »Viermal Tempo, einmal überholen. Das wird auf Dauer echt teuer.«

Ich schüttle den Kopf. Dass Wolfgang hier im Futur spricht, also davon ausgeht, dass das nicht die letzten Knöllchen waren, deutet nicht gerade auf so etwas wie Einsicht hin. Sieht aus, als hielte er die Geldbußen für unvermeidbare Begleiterscheinungen des Autofahrens. So wie Benzin und von Zeit zu Zeit neue Reifen. Und wahrscheinlich hat er, so wie er unterwegs ist, damit sogar recht. Das glauben Sie nicht? Nun, dann schildere ich Ihnen mal eine unserer gemeinsamen Fahrten, wobei ich vorausschicke, dass der Anlass derselben keinesfalls der Transport einer in den Wehen liegenden Hochschwangeren in die Geburtsklinik war oder darin bestand, einem in Lebensgefahr schwebenden Verunfallten zu Hilfe zu eilen. Nein, das Ziel unserer Fahrt war eine neu eröffnete Tankstelle, die für den damaligen Tag mit deutlich reduzierten Preisen warb. Dass diese Tankstelle am anderen Ende der Stadt lag, sodass die Geldersparnis durch die weite Strecke und den damit verbundenen erhöhten Treibstoffverbrauch mit Sicherheit voll und ganz kompensiert wurde, sei nur nebenbei erwähnt. Schließlich war Wolfgang früher Lehrer, und da gilt ja wohl: einmal Lehrer, immer Lehrer. Will heißen: Wo ein vermeintliches Schnäppchen lockt, zieht es ihn mit Macht hin.

Nun also zu besagter Fahrt. Dass sie uns nicht über verkehrsarme Landstraßen, sondern quer durch die Stadt führte, habe ich ja schon erwähnt. Was Wolfgang indes in keinster Weise daran hinderte, eine Durchschnittsgeschwindigkeit von 80 Stundenkilometern anzustreben. Teilweise standen sogar mehr als 90 auf dem Tacho. Um die möglichst lange halten zu können, überholte er auf der mehrspurigen Straße mal links, mal rechts, dann wieder links. Das ist zwar innerorts nicht verboten, es kommt jedoch entscheidend darauf an, wie man die Spurwechsel gestaltet. Wobei man das ja im Allgemeinen nur dann tut, wenn auf der Zielspur Platz ist, sodass man ein dortiges Fahrzeug nicht behindert. Nicht so Wolfgang. Der schoss jedes Mal hin und her und wieder zurück, wenn ihm gerade der Sinn danach stand beziehungsweise wenn er offenbar davon überzeugt war, auf der anderen Fahrspur schneller voranzukommen. Wildes Licht- und Tonhupen der geschnittenen Fahrer übersah und überhörte er großzügig. Rasten wir auf eine Ampel zu, die gerade im Begriff war, von Gelb auf Rot zu schalten, betrachtete Wolfgang das als Signal, Vollgas zu geben, um bei Dunkelgelb und teilweise schon Orangerot über die Kreuzung zu schießen. Auf einer zweispurigen Straße überholte er nacheinander gleich drei Fahrzeuge, die allesamt vorschriftsmäßig um die 50 fuhren, wobei er jedes Mal einen Fluch über die »nervigen Krabbler« ausstieß.

Apropos Fluch: Ich kann mich nicht erinnern, dass er auch nur einmal mehr als drei Minuten lang keinem anderen Verkehrsteilnehmer die Krätze an den Hals gewünscht hätte, weil die in seinen Augen allesamt Deppen, Nullblicker oder Schlafmützen waren beziehungsweise den Führerschein offenbar in der Baumschule gemacht hatten. Bei all dem lautstarken Geschimpfe und Gefluche hatte ich, so sehr ich mich auch bemühte, beim besten Willen keine Chance, mit meinen ständigen Aufrufen zur Mäßigung zu ihm durchzudringen. Zugänglich wurde er erst wieder, als wir an der Zieltankstelle angekommen waren, wo er nach einem kurzen Blick auf die Armbanduhr stolz »28 Minuten. Nicht übel« verkündete.

Als er nach dem Tanken wieder neben mir Platz genommen und den Motor gestartet hatte, forderte ich ihn mit betont strenger

Stimme auf: »Fahr mal kurz da vorne in die Parklücke. Ich muss mit dir reden.« Und in dieser Parklücke fragte ich ihn dann, wem er mit seinem Harakiri-Fahrstil imponieren wolle, oder warum um alles in der Welt er fuhr wie die berühmte »gesengte Sau«?

Er sah mich stirnrunzelnd an. »Das siehst du falsch. Die Sache ist nur, dass ich noch nicht zu den alten Opas gehören will, die mit 30 Sachen durch die Stadt zockeln und alle anderen aufhalten, weil sie permanent auf der Bremse stehen oder schon 200 Meter vor einer Kreuzung nur noch Schritttempo fahren.«

Das war es also! Wolfgang glaubte ernsthaft, dem Alter in den Augen der anderen Autofahrer ein Schnippchen schlagen zu können, indem er in halsbrecherischer Art und Weise durch die Stadt raste.

»Das ist doch oberkindisch«, war das Erste, was mir spontan dazu einfiel. »Du wirst doch nicht jünger, indem du dich über sämtliche Verkehrsregeln hinwegsetzt und dabei alle anderen, die in deiner Nähe unterwegs sind, massiv gefährdest. Von den vielen Knöllchen, die du dir dabei zwangsläufig einhandelst, ganz zu schweigen.«

Erstaunlicherweise wirkte er echt betroffen. »Meinst du wirklich?« Und dann gestand er mir, dass er schon zweimal ein einmonatiges Fahrverbot aufgebrummt bekommen hatte. Wegen zu schnellen Fahrens. Einmal davon innerorts, das andere Mal, weil er sich auf einer Bundesstraße hemmungslos über die Geschwindigkeitsbegrenzung hinweggesetzt hatte. Und jetzt, wo er das beichtete, glaubte ich, mich auch wieder daran zu erinnern, dass er mich vorletztes Jahr mehrfach gebeten hatte, ihn von A nach B zu kutschieren, weil angeblich sein Auto kaputt war.

»So«, sagte ich, »jetzt tauschen wir mal die Plätze, und ich zeige dir, wie sich ein in die Jahre gekommener Autofahrer im Straßenverkehr benimmt. Also einer, der jede Menge Erfahrung und es dazu noch nicht mal eilig hat.« Ich grinste ihn breit an und wartete, bis er den Mund wieder zugeklappt hatte. »Und ich garantiere dir, dass wir für die Heimfahrt allenfalls fünf Minuten länger brauchen. Aber dabei jede Menge Nerven sparen.«

Er nickte widerwillig, und ich startete den Motor, gab sanft Gas und verließ das Tankstellengelände. Und dann fuhr ich so, wie ich das sonst auch zu tun pflege. Also nicht so übertrieben regelkonform wie in der Fahrprüfung, aber eben vorsichtig und korrekt. Ich hielt mich penibel an die Geschwindigkeitsbegrenzung, womit ich meinem Beifahrer besonders in der einen oder anderen 30er-Zone ein unwilliges Stöhnen entlockte. War eine Ampel gerade im Begriff, von Grün auf Gelb umzuschalten, bremste ich rechtzeitig und hielt an. Zweimal ließ ich ein Auto vor uns aus einer Neben- in die Hauptstraße einbiegen, obwohl wir Vorfahrt hatten, und den sich einem Zebrastreifen nähernden Fußgängern signalisierte ich rechtzeitig durch Langsamerwerden, dass ich ihnen selbstverständlich Vortritt gewähren würde. Dabei kam mir kein einziges Mal ein abfälliges Wort über einen anderen Autofahrer über die Lippen. Kurz: Ich benahm mich derart vorschriftsmäßig, dass Ella, wäre sie meine Beifahrerin gewesen, die Augen ungläubig zusammengekniffen und mich gefragt hätte, ob mit mir alles in Ordnung sei.

Denn natürlich halte auch ich mich sonst nicht sklavisch an sämtliche verkehrsrechtlichen Vorschriften und Beschränkungen, überschreite diese aber, wenn überhaupt, stets maß- und verantwortungsvoll. Wenn ich mich etwa einer Fußgängerampel nähere, wo auf beiden Seiten kein einziger Mensch auf die Geherlaubnis wartet und ich somit niemanden auch nur ansatzweise gefährde, fahre ich auch noch bei Dunkelgelb rüber, und wenn auf einer Landstraße 70 Stundenkilometer erlaubt sind, bin ich schon auch mal mit 80 unterwegs – mehr jedoch niemals. Warum auch? Als Ruheständler habe ich normalerweise jede Menge Zeit, und es ist vollkommen belanglos, ob ich irgendwo um 16 Uhr 20 ankomme oder um 16 Uhr 30. Das allerdings nur dann, wenn ich mit niemandem verabredet bin. Ist das hingegen der Fall, bin ich jedes Mal eher zu früh als zu spät am Ziel. Und wissen Sie, warum? Weil sich mir ein Benimmspruch meines Vaters derart unauslöschlich eingeprägt hat, dass ich gar nicht anders kann, als mich daran zu halten: »Es gibt kein Zu-spät-Kommen, es gibt höchstens ein Zu-spät-Losfahren.« Was nichts anderes bedeutet, als dass man mögliche Hindernisse auf der Fahrt tunlichst von vornherein einkalkuliert und entsprechend mehr Zeit einplant. Geht ja heutzutage mit Google-Maps, wo man sich über eventuelle Behinderungen schon vor dem Start informieren kann, weitgehend problemlos. Und sollte ich einmal wirklich ohne eigenes Verschulden unerwartet im Stau stehen, ist das Erste, was ich tue, denjenigen, der auf mich wartet, per Mobiltelefon über meine prekäre Lage zu informieren. Und das auch, wenn ich mich voraussichtlich um höchstens fünf Minuten verspäten werde. Wozu gibt es Handys?

Aber weil ich in der Regel ja wirklich jede Menge Zeit habe, versuche ich, wo immer es möglich ist, gleich ganz auf das Auto zu verzichten und zu Fuß zu gehen. Wobei mir zugutekommt, dass zwischen unserer Wohnung und der Innenstadt ein Waldstück liegt, durch das mehrere malerische Wege führen. Auf diese Weise gelingt es mir oft, die 7000 Schritte, die ich mir jeden Tag als Pensum vornehme und mittels Handy-App messe, zu erreichen. Was mich jedes Mal, das bekenne ich ehrlich, mit Stolz erfüllt. So bescheiden bin ich schon geworden. Früher habe ich regelmäßig – mit einem Freund, aber oft auch allein – lange Mehrtageswanderungen unternommen. Noch vor neun Jahren bin ich beispielsweise in drei Wochen von Ulm zu meinem Cousin nach Bremen gelaufen. Und zwei Jahre später von Basel bis zur holländischen Grenze, immer am Rhein entlang. Jedes Mal in 30- bis 35-Kilometer-Etappen. Dagegen sind die 7000 Schritte, mit denen ich mich jetzt schon zufriedengebe, geradezu lächerlich. Aber mit meiner Fitness ist es eben längst nicht mehr so gut bestellt wie damals. Und jeden Tag verbissen trainieren, um wieder längere Strecken zu schaffen, dazu habe ich schlicht keine Lust. Gesunde Bewegung hin und her. Sich mit dem, was man hat und kann, zu bescheiden und sich nichts mehr unbedingt beweisen zu müssen, gehört meines Erachtens auch ganz entschieden zur Freiheit des Alters.

Was übrigens das Verhalten im Straßenverkehr angeht, muss ich noch eine kurze Bemerkung anfügen. Dieses Buch handelt ja vom Älterwerden und dem damit einhergehenden Plus an Freiheit. Deshalb könnte der Eindruck entstehen, ich würde rücksichtsloses, andere Verkehrsteilnehmer gefährdendes Autofahren nur bei Senioren verurteilen. Doch dem ist beileibe nicht so. Ich finde Rasen, Drängeln und jede andere Form riskanten Verhaltens auch bei allen anderen Fahrzeuglenkern zum Kotzen, ganz besonders bei der Gruppe, die für eine allzu forsche Fahrweise – mit 70 Sachen und quietschenden Reifen um die innerstädtischen Kurven – geradezu berühmt-berüchtigt ist: männliche Führerscheinneulinge um die 20. Die Unfallstatistiken sprechen in dieser Hinsicht eine beredte Sprache. Wenn ich überhaupt Autofahrern ein klein wenig – aber auch nicht mehr – zubillige, dass sie betont flott unterwegs sind, dann allenfalls Geschäftsleuten, die von einem Termin oder Kunden zum anderen eilen müssen und wirklich viel Erfahrung beim Autofahren haben. Von Ruheständlern in meinem Alter erwarte ich am Steuer dagegen so etwas wie eine auf jahrelanger Erfahrung beruhende souveräne Gelassenheit. Die sich eben auch in einer entsprechend abgeklärten Fahrweise äußert. Denn frei zu sein, bedeutet ja nicht nur, tun zu können, wonach einem gerade der Sinn steht, sondern auch, nichts tun zu müssen, was nicht unbedingt sein muss. Und schon gar nichts, womit man andere Menschen belästigt oder gar gefährdet.

Zum Thema Gelassenheit in den nächsten Kapiteln mehr.

»Ein großer Teil der Sorgen besteht
aus unbegründeter Furcht.«

Jean-Paul Sartre,
französischer Romancier und Philosoph, 1905–1980

Mark Twain hat recht

Ich weiß, das klingt jetzt widersinnig, aber einer der größten Vorteile des Älterwerdens ist, dass die Zeit, die uns Senioren noch auf dieser Erde verbleibt, von Jahr zu Jahr immer überschaubarer wird. Das soll nicht heißen, dass ich von meinem irdischen Dasein die Nase voll habe und mich nach meinem Ableben sehne, sondern vielmehr, dass mir immer mehr Dinge immer weniger ausmachen oder mich gar beunruhigen. Was zwangsläufig mit sich bringt, dass mich so manches, was meine Kinder und Enkel verständlicherweise bedrückt, vollkommen kalt lässt. Wobei natürlich auch die Tatsache eine entscheidende Rolle spielt, dass ich in meinem bisherigen Leben – immerhin ein Dreivierteljahrhundert – schon so manches erlebt habe, was mir am Anfang den Angstschweiß auf die Stirn getrieben, sich dann aber als wesentlich weniger schlimm als befürchtet herausgestellt hat. Und weil ich das weiß, rege ich mich über vieles schlicht längst nicht mehr so auf wie früher. Oder um es etwas zeitgemäßer auszudrücken: Bei so manchem Mist, der mir früher schlaflose Nächte bereitet hat, bleibe ich heute total cool. Und zwar ganz besonders dann, wenn besagter Mist noch gar nicht passiert ist. Denn wie hat schon Mark Twain so treffend gesagt: »Ich habe in meinem Leben viele schreckliche Dinge erlebt. Das meiste davon ist zum Glück nie passiert.« Oder etwas derber mit den Worten meines guten Bekannten Josef: »Wenn du doch genau weißt, dass dir das, was dich heute ankotzt, in einem Jahr scheißegal sein wird, warum regst du dich dann jetzt darüber auf?«

Ein Pessimist par excellence ist mein früherer Nachbar Martin. Wäre auch nur die Hälfte dessen eingetreten, von dem er mit zittriger Stimme und tiefen Sorgenfalten auf der Stirn verkündet hat, er sehe es kommen, hätten Einbrecher schon mehrfach sein Haus ausgeräumt, Cyberkriminelle sein Konto geplündert und diverse Krankheiten ihn samt Familie hinweggerafft. Großbrände, nicht zuletzt infolge von Blitz- oder Meteoriteneinschlag, hätten all sein Hab und Gut zerstört, die Ehen seiner Töchter wären wiederholt in die Brüche gegangen, und seine Enkel und Enkelinnen wären Opfer verbrecherischer Aktivitäten aller möglichen Mitmenschen – »wenn ich den schon sehe ...« – geworden. Als seine Enkelin Julia, seinerzeit immerhin schon 19, gemeinsam mit ihrem Freund eine Rucksacktour durch Neuseeland unternommen hat, konnte Martin während der Zeit ihrer Abwesenheit nach eigenen Angaben nachts kein Auge zutun. Und als ein medizinisches Labor in seinen Exkrementen Blutspuren fand, hielt er den Befund auf der Stelle für sein Todesurteil.

Doch mittlerweile ist Martin 78, er erfreut sich, von kleineren Altersgebrechen abgesehen, einer robusten Gesundheit, alle seine Lieben sind wohlauf, und sein Haus steht auch noch. Aber ich bin mir sicher, dass er, sobald der Wetterbericht mal wieder Gewitter mit starken Sturmböen, kräftigem Hagel oder Überschwemmungen infolge massiven Regens voraussagt, sofort wieder ernsthaft erwägt, seine Lebensversicherung aufzustocken, um zu gewährleisten, dass zumindest seine Angehörigen nach seinem Ableben finanziell abgesichert sind. Was natürlich allein schon deswegen unlogisch ist, weil zumindest seine Frau ebenfalls Opfer einer solchen Naturkatastrophe würde. Doch mit Logik ist man Fanatikern ja noch nie beigekommen.

Intensiv mit dem Thema »Sorgen älterer Menschen« hat sich der amerikanische Soziologe und Altersforscher Karl Pillemer beschäftigt und dazu eine aufschlussreiche Untersuchung durchgeführt. Er bat viele tausend Senioren, einmal aufzuschreiben, was sie in ihrem Leben am meisten bereuen. Wie er selbst später zugab, hatte er damit gerechnet, dass das irgendwelche moralischen Fehltritte, etwa Seitensprünge oder heimliche Affären, aber auch fragwürdige finanzielle Entscheidungen sein würden, doch dann las er etwas ganz anderes. Die meisten Älteren bereuten, dass sie sich so viel Zeit mit irgendwelchen ominösen Befürchtungen beschäftigt hatten, zumal – siehe Mark Twain – ein Großteil davon nie Realität geworden war.

Was lernen wir daraus? Hören Sie endlich auf, sich wegen allem und jedem Sorgen zu machen und Schlimmes zu befürchten. Nebenbei: Ist Ihnen überhaupt schon einmal aufgefallen, dass es nicht einfach »Sorgen haben«, sondern »sich Sorgen machen« heißt? Das sagt doch eigentlich schon alles. Genießen Sie lieber die Jahre, die Ihnen noch bleiben. Das sei leichter gesagt als getan, finden Sie? Das mag sein, aber trösten Sie sich, das kann man lernen. Dazu braucht es nur ein bisschen Übung. Ich selbst zum Beispiel habe mir angewöhnt, mir, wenn etwas Bedrohliches auf mich zukommt, kurz – aber wirklich nur kurz – zu überlegen, was denn maximal passieren kann. Und komme dabei so gut wie immer zu dem Schluss, dass es wahrlich Schlimmeres gibt und ich schon mit ganz anderen Dingen fertig geworden bin. Das war's im Allgemeinen auch schon. Denn tatsächlich wird das meiste gemäß einem bekannten Sprichwort »nicht so heiß gegessen, wie es gekocht wird«, will heißen: Fast immer kommt es bei Weitem nicht so schlimm wie befürchtet. Sofern das, wovor man sich ängstigt, überhaupt eintrifft. Denn eines steht doch fest: Sich in kritischen Situationen prophylaktisch schon einmal Sorgen zu machen, verhindert das angsteinflößende Ereignis in keinster Weise. Im Gegenteil: Es macht es dem Betroffenen schwerer, die Dinge klar und nüchtern zu sehen und sinnvolle Abwehrmaßnahmen in die Wege zu leiten.

Wohlgemerkt, ich spreche hier nicht von wirklich schlimmen Schicksalsschlägen wie ernsten Erkrankungen oder gar dem Verlust eines geliebten Menschen. Bei derlei Tragödien helfen gedankliche Abwehrstrategien natürlich überhaupt nicht. Aber bei vielen Missgeschicken, die uns zu treffen drohen, ist es auf alle Fälle sinnvoll, erst einmal abzuwarten, ob und gegebenenfalls in welchem Ausmaß sie uns tatsächlich treffen, und für den Notfall darauf zu vertrauen, dass wir aufgrund unserer umfangreichen Lebenserfahrungen schon wissen werden, was zu tun ist. Oder uns schlimmstenfalls mit dem Gedanken zu trösten, dass wir froh sein müssen, ein fatales Schicksal erst in unserem Alter zu erleben. Es ist schließlich ein gewaltiger Unterschied, ob man den einen oder anderen Zahn mit 30 oder mit 80 verliert, ob man einen Rollator schon in jungen Jahren oder erst als gereifter Senior benötigt, und – ja, auch das – ob man sein ganzes Leben mit jedem Pfennig rechnen muss oder ob das nur für die letzten zehn Jahre gilt.

Hin und wieder begegne ich in meiner Nachbarschaft einer betagten Frau im Rollstuhl. Als ich sie einmal gefragt habe, warum sie nicht mehr ohne Hilfe gehen kann, hat sie mir erzählt, daran sei eine Infektion eines künstlichen Hüftgelenks schuld, das man, als alle anderen Therapiemaßnahmen erfolglos geblieben waren, schließlich habe entfernen müssen. Seither müsse sie ohne linke Hüfte leben, und das tue sie eben mithilfe eines Rollstuhls. Doch als ich erwartete, sie würde gleich in Tränen ausbrechen, sah ich mich getäuscht. Denn die alte Dame beendete ihren Bericht sanft lächelnd mit folgenden Worten: »Im Grunde muss ich doch froh sein, dass mir das erst so spät passiert ist. Ich habe, wenn es hochkommt, noch fünf bis maximal zehn Jahre zu leben, die werde ich auch im Rollstuhl rumbringen. Viel schlimmer sind doch Menschen dran, die etwa als Folge eines Unfalls schon in jungen Jahren, wenn sie vielleicht gerade eine Familie gegründet haben, auf so ein Ding angewiesen sind.«

Auch bestimmte potenzielle Angstauslöser verlieren mit den Jahren an Bedeutung. Auf der Liste ganz weit oben steht da der Beruf. Wohl jeder von uns Senioren hat sich bestimmt schon einmal wegen eines beruflichen Problems Sorgen gemacht. Bei mir waren die Auslöser der Befürchtungen naturgemäß oft Patienten, bei denen ich inständig hoffte, dass ihnen meine Behandlung helfen würde, und leider zu oft feststellen musste, dass das keinesfalls im erwünschten Ausmaß der Fall war. Was auch immer uns in Hinsicht auf unsere frühere berufliche Tätigkeit schlaflose Nächte gekostet hat – es ist vorbei. Und wenn Ihr Chef noch so ein Ekel war, dem Sie mehr als einmal die Pest an den Hals gewünscht haben, er kann Ihnen nichts mehr anhaben. Ebenso wie vielleicht ein obernerviger Kunde oder ein intriganter Kollege. Sollen sich andere die Köpfe einschlagen, unser Problem ist das nicht mehr.

Dann die Familie. Speziell Kinder können an jeder Menge Kummer- und Sorgenfalten schuld sein. Aber wem sag' ich das? Ist auch nur ein Einziger Ihrer weiblichen oder männlichen Nachkommen erwachsen geworden, ohne dass Ihnen bei so manchem Anlass der Angstschweiß ausgebrochen ist? Egal ob Krankheiten, Unfälle, schulische Probleme, zweifelhafter Umgang mit angeblichen Freunden oder irgendwelche schwer nachvollziehbaren, um nicht zu sagen idiotischen Aktionen – immer wieder haben uns unsere Kinder doch in stunden-, wenn nicht gar tage- oder wochenlange gedankliche Qualen gestürzt. Wobei ich ihnen gar keine bösartigen Absichten unterstellen möchte. Denn sie fangen ja schon im Säuglingsalter damit an.

Ich erinnere mich, wie unsere Tochter einmal, kaum hatten wir sie abends ins Bett gebracht, anfing, laut zu schreien. Nein, schreien trifft die Sache nicht. Das, was da aus ihrem kleinen

Mund kam, war ein dermaßen schrilles Gekreische, wie es schlimmer nicht geht. Als würde sie am Spieß gebraten. Sie hatte einen Kopf so dick und rot wie ein Hokkaido-Kürbis, ihr Gesicht war schweißüberströmt, und was das Schlimmste war: Sie hörte und hörte nicht auf. Nicht, als Ella sie aus dem Bett nahm und sanft hin- und herwiegte, nicht, als wir mit ihrem Fläschchen vor ihrem Gesicht hin- und herwedelten und ihr die Windeln, obwohl so gut wie sauber und trocken, wechselten – vielleicht steckte ja eine unsichtbare Nadel darin –, nicht, als wir ihr abwechselnd Lieder vorsangen, nicht, als wir ihr die Bilder des lustigen Maulwurfs Grabowski vors Gesicht hielten, über die sie sonst vor Vergnügen giggelte, nicht, als wir Kika einschalteten und auch nicht, als ich sie von Kopf bis Fuß durchkitzelte.

Am Ende dachten wir ernsthaft an eine schlimme Gesundheitsstörung. Schließlich gibt es ja die lebensbedrohende Schlafkrankheit, warum soll es da nicht auch eine gefährliche Heul- und Kreischkrankheit geben? Und als wir ihr schon eine Jacke übergezogen hatten und im Begriff waren, die Haustür für eine Fahrt ins Krankenhaus hinter uns zuzuziehen, hörte sie mit einem Mal auf. So, als hätte man ihr den Stecker gezogen oder einen Schalter umgelegt. Und gab dann die ganze Nacht keinen Ton mehr von sich. Bis heute haben wir keinen Schimmer, was damals mit ihr los war.

Oder die Sache mit dem Kran. Der stand auf einem Nachbargrundstück, weil da gerade ein Haus gebaut wurde. Und dass mit dem etwas nicht normal war, fiel mir erst auf, als immer mehr Spaziergänger stehen blieben und – offensichtlich höchst aufgeregt – nach oben starrten. Ich folgte ihrem Blick und – fiel fast vor Schreck um. Denn ganz weit oben, direkt unterhalb der Bedienungskanzel, hing außen am Gerüst ein Mensch. Und zwar ein noch recht kleines Exemplar. Mein vier Jahre alter Sohn Sven! Der Schweiß brach mir aus, mein Herz klopfte wie ein Presslufthammer, und ich zitterte am ganzen Körper. Jetzt bloß nichts falsch machen! Bloß nicht irgendetwas hoch schreien. Dann könnte er vor Schreck loslassen und den Halt verlieren. Gar nicht auszudenken, was dann passieren könnte. Nein, mir blieb nichts anderes übrig, als selbst hinaufzusteigen. Ausgerechnet ich, der ich in Sachen Höhe alles andere als ein Held und nicht die Spur schwindelfrei bin. Also kletterte ich Schritt für Schritt das Krangerüst hoch, immer peinlich darauf achtend, bloß nicht nach unten zu blicken. Was man ja idiotischerweise dann doch immer wieder tut. Und endlich hatte ich Sven erreicht. Der war quietschfidel und ganz offensichtlich mächtig stolz auf seine Leistung. Gemeinsam stiegen wir dann ganz langsam, Schritt für Schritt, wieder hinab. Für mich der reinste Horror, zumal ich ständig darauf achten musste, dass mein kleiner Begleiter auf keinen Fall den Halt verlor. Was soll ich sagen, am Ende ging alles gut aus: Wir erreichten wohlbehalten den Boden, ich nahm den Kleinen überglücklich in die Arme und – verpasste ihm dann vor allen Zuschauern einen Anschiss, den er, wie er inzwischen oft erzählt hat, bis heute nicht vergessen hat. Was für mich in Bezug auf die ganze Aktion genauso gilt. Noch heute, mehr als 40 Jahre später, klopft mein Herz schneller, wenn ich an die Krangeschichte denke. Manchmal träume ich sogar davon und wache dann schwer schnaufend und schweißgebadet auf.

Inzwischen sind die Kinder längst erwachsen und machen sich ihrerseits um die eigenen Nachkommen Sorgen. Sicher, wir Großeltern können uns, wenn es mal Probleme mit den Enkeln gibt, nicht einfach raushalten und alles unseren Söhnen und Töchtern überlassen, aber wir sind doch nur Bedenkenträger zweiter Instanz. Klar, wenn wir gebraucht werden, stehen wir gewissermaßen Gewehr bei Fuß, aber mit den alltäglichen Problemen, die doch jeder immer wieder mal mit seinen Kindern hat, wollen wir bitte schön lieber nicht behelligt werden.

Sie finden das rücksichtslos? Ich nicht. Ella und ich stehen jederzeit zur Verfügung, wenn uns unsere Tochter oder unser Sohn beziehungsweise ihre Ehepartner aus einem nachvollziehbaren Grund brauchen. Und das in Notfällen auch sofort. Ja, wir haben sogar schon mal einen Urlaub abgebrochen und sind mit dem nächsten Flieger nach Hause zurückgekehrt, um zu helfen, nachdem unser Enkel mit einem ominösen Infekt ins Krankenhaus eingeliefert worden war. Das ist für uns kein Thema, aber wir sehen nicht ein, dass wir auf ein lang geplantes Vorhaben verzichten müssen, nur weil unsere Kinder oder Schwiegerkinder aus einer spontanen Laune heraus beschlossen haben, just zur selben Zeit ein Wellnesswochenende in einem Schwarzwaldhotel einzulegen oder ein Rockkonzert in Südtirol zu besuchen. Und zwar allein, ohne ihre Sprösslinge.

Um es kurz zu sagen: Natürlich gibt es auch im Rentenalter eine Menge Gründe, sich aufzuregen oder sich Sorgen zu machen. Aber, von Ausnahmen abgesehen, eben längst nicht mehr so viele und vor allem längst nicht mehr so quälende wie früher. Dazu gehört aber auch, dass wir lernen, angemessen und nicht, wie früher oft, übertrieben hektisch zu reagieren, um nicht zu sagen: zu überreagieren. Vielmehr halten wir es für unser gutes Recht, die uns noch verbleibenden Jahre so gut es geht zu genießen. Und, so egoistisch das klingen mag, bitte schön keine Sorgen und Probleme aufgehalst zu bekommen, die nicht unsere eigenen sind.

»Es wäre dumm, sich über die Welt zu ärgern. Sie kümmert sich nicht darum.«

Marc Aurel,
römischer Kaiser und Philosoph, 121–180

Cool bleiben!

»Cool bleiben eben«, kommentiert Manfred meine Gedanken. »Auch das gehört meines Erachtens zur Altersweisheit: Aus der Erfahrung lernen und sich nicht von jedem Mist aus der Ruhe bringen lassen.«

»Das sagt ja der Richtige«, kontere ich und erinnere ihn an unsere kriminelle Fahrt zur Tankstelle. »Noch uncooler geht's doch wohl nicht.«

Er senkt den Blick zerknirscht Richtung Tischplatte. »Du hast ja recht.« Dann hebt er den Kopf und sieht mir direkt in die Augen. »Weißt du was? Wir schließen noch mal ein Abkommen. Jeder von uns beiden muss eine Woche lang total cool bleiben. Was natürlich auch für den Straßenverkehr gilt. Sobald wir merken, dass uns der Kamm schwillt, müssen wir ihn selbst wieder zum Abschwellen bringen. Und zwar, bevor er platzt.«

»Platzen tut nicht der Kamm, sondern der Kragen«, werfe ich ein und schäme mich im selben Moment. Schließlich ist er der Lehrer und damit von Berufs wegen der Besserwisser, nicht ich.

Er lacht kurz auf, dann wird er wieder ernst. »Souveräne Konfliktbewältigung – du weißt schon, was ich meine.« Und fügt – jetzt ganz seiner Rolle gerecht werdend – hinzu: »In ›souverän‹ steckt übrigens das lateinische Wort ›superanus‹, was so viel bedeutet wie ›oben‹ oder ›darüber‹. Souverän ist somit jemand, der über den Dingen steht.«

»So wie wir beide von nun an«, verkünde ich vergnügt und proste ihm zu. »Hat ja auch eine Menge mit Altersfreiheit zu tun. Und unser Abkommen steht natürlich.«

Sich eine Woche lang über nichts aufregen, stets gelassen bleiben, nicht aus der Haut fahren – sagt sich leicht und ist doch so schwer. Zwar habe ich im Gegensatz zu Wolfgang keine diesbezüglichen Probleme beim Autofahren, und zwar auch nicht im Hinblick auf irgendwelche Knalltüten, mit denen man dabei nun mal unweigerlich in Berührung kommt – aber das hatten wir ja schon. Doch auf anderen Gebieten gibt es immer noch genügend Anlässe, die Fassung zu verlieren. Was ich ja jetzt eine Woche lang strikt vermeiden soll. Dabei muss ich ehrlich zugeben: Schon immer habe ich Senioren bewundert, denen scheinbare Widrigkeiten nicht mehr als ein unverständliches Kopfschütteln, ja oft sogar lediglich ein von einem Schulterzucken begleitetes Lächeln entlockten.

Menschen wie meinen Onkel Bertram etwa. Den hat bis zu seinem Tod vor vier Jahren so leicht nichts aus der Ruhe gebracht. Jedenfalls habe ich nicht ein einziges Mal erlebt, dass er laut geworden wäre oder gar die Fassung verloren hätte. Der hatte seine Emotionen total im Griff. Echt bewundernswert! Ein Beispiel gefällig? Es ist ungefähr fünf Jahre her, da war ich nach einem Einkaufsbummel in der Innenstadt auf dem Rückweg zu meinem Auto. Als ich um eine Ecke bog, sah ich, wie etwa 100 Meter vor mir Onkel Bertram aus seinem BMW stieg, den er offenbar gerade in eine freie Parklücke bugsiert hatte. In dem Moment tönte aus einem anderen Auto eine schrille, vor Aufregung zitternde Stimme: »HE, DAS WAR MEIN PARKPLATZ. MACHEN SIE, DASS SIE DA WEGKOMMEN!«

Der Onkel drehte sich langsam zu dem Schreihals um, der seinen Kopf jetzt weit aus dem Fenster streckte: »Es ist doch offensichtlich, dass ich derjenige bin, der als Erster einfahren konnte. Also ist das mein Parkplatz. Und jetzt belästigen Sie mich bitte nicht länger.«

Doch der andere dachte gar nicht daran, das Feld zu räumen. »RAUSFAHREN, HABE ICH GESAGT!«, schrie er mit hochrotem Kopf. »ABER SOFORT!«

Wieder wandte Onkel Bertram sich ihm betont langsam zu. Dann sagte er mit vollkommen ruhiger Stimme: »Dadurch, dass Sie rumschreien, werden Ihre Argumente nicht besser.« Kopfschüttelnd wandte er sich um und ließ den Typen ohne ein weiteres Wort in seinem Auto zurück.

Mit ein paar Schritten war ich bei ihm. »Hi, Onkel Bertram. Das war ja ein starker Auftritt. Toll, wie ruhig du geblieben bist. Das könnte ich nicht.«

»Ach, weißt du«, sagte er lächelnd und legte seine Hand auf meine Schulter. »Es gibt eben immer wieder Deppen, die meinen, dass derjenige im Recht ist, der am lautesten rumbrüllt. Die bringt man am einfachsten aus der Fassung, indem man selbst vollkommen ruhig bleibt. Das sind solche Typen nicht gewohnt, damit können sie nicht umgehen.« Augenzwinkernd grinste er mich an. »Wer schreit, hat unrecht. Musst du dir merken. Und jetzt noch einen schönen Tag.«

Während ich jetzt voller Bewunderung an meinen coolen Onkel denke, geht mir durch den Kopf, dass ich in der kommenden Woche vor allem anderen versuchen muss, dem Internet so weit wie irgend möglich aus dem Weg zu gehen. Keine Nachrichten-Seiten, egal welchen Ursprungs, und wenn doch, dann auf gar keinen Fall irgendwelche Kommentare zu den einzelnen Meldungen! Keine der von mir sonst so geschätzten Jagd-Seiten, und vor allem keine Foren, ganz gleich, zu welchem Thema. Denn vieles von dem, was man da so liest, muss selbst dem gelassensten und emotional stabilsten Zeitgenossen die Zornesröte ins Gesicht treiben, und zwar so was von! Da verkünden allen Ernstes Menschen, die von sich behaupten, Herr ihrer Sinne zu sein und einen messbaren IQ zu haben, ein Virus, das nachweislich an Hunderttausenden von Todesfällen schuld ist, gebe es überhaupt nicht. Weshalb auch sämtliche Maßnahmen zu dessen Bekämpfung Blödsinn und total überflüssig seien.

Das ist in etwa so, geht es mir spontan durch den Kopf, und der Gedanke lässt mich unwillkürlich grinsen, als würde ich die vielen Verkehrsunfälle mit dem lapidaren Hinweis leugnen, die seien allesamt frei erfunden, weil es ja in Wirklichkeit gar keine Autos gebe. Weshalb man auf Verkehrsregeln und -zeichen sowie auf Gesetze wie die Straßenverkehrsordnung getrost verzichten könne, ja, im Grunde sogar müsse. Vor allem das Rechtsfahrgebot sei nichts anderes als ein vollkommen unnötiger Eingriff in die vom Grundgesetz garantierte Freiheit des Einzelnen. So wie unter anderem auch jegliche Form von Fahrverboten und Geschwindigkeitsbegrenzungen sowie vor allem der Zwang, vor roten Ampeln anzuhalten.

Apropos Ampel. Während ich vor einer solchen wartend versuche, mir derartige Gedanken, die mich emotional extrem in Wallung bringen, aus dem Kopf zu schlagen, muss ich mir schuldbewusst eingestehen, dass es mit meiner Gelassenheit am Steuer auch nicht immer weit her ist. So wie jedes Mal, wenn ich vor der Ampel in der Bahnhofstraße warten muss. Die steht vor einer von rechts einmündenden Straße, und nach dem roten leuchtet das grüne Licht erst einmal nur für die wartenden Radfahrer, in der Regel sind das nicht mehr als zwei oder drei. Das wäre völlig in Ordnung, wenn ein paar Sekunden später auch die Autos mit Weiterfahren dran wären. Sind sie aber nicht. Mehr als eine volle Minute lang bleibt die Ampel rot und verwehrt während dieser Zeit auch denjenigen die Weiterfahrt, die von rechts her einbiegen wollen. Fazit: Außer dem Gegenverkehr fährt niemand, denn auch die Radfahrer sind inzwischen schon lange über die Kreuzung gefahren.

Jedes Mal, wenn ich vor dieser idiotischen Ampel stehe, frage ich mich, welcher Trottel die wohl programmiert hat. Ich könnte völlig gefahrlos Gas geben, doch das mache ich natürlich nicht. Ist ja schließlich rot. Was ich dafür jedoch regelmäßig mache, ist lautstark vor mich hinfluchen. Ist natürlich blöd, das weiß ich selbst. Denn erstens ändere ich dadurch gar nichts – der Ampel ist mein Geschimpfe total schnuppe –, und zweitens verderbe ich mir nur die gute Laune. Und wenn ich davon ausgehe, dass ich durchschnittlich einmal pro Tag – das Wochenende ausgenommen, denn da ist die Ampel abgeschaltet – dort warte, macht das in einer Woche rund sechs Minuten Zeitverlust, das heißt etwa 25 Minuten pro Monat. Das sollte ich als Rentner ja wohl verkraften können. Und dennoch werde ich, das weiß ich schon jetzt, vor der dämlichen Ampel auch beim nächsten Mal erbost schimpfen, den Kopf schütteln und ungeduldig mit den Fingern auf das Lenkrad trommeln. Vielleicht sollte ich dort mit meinem Cool-bleiben-Training beginnen.

Aber es gibt natürlich auch sonst noch eine Menge Dinge, die meinen Blutdruck in die Höhe treiben und mich zu Aktionen veranlassen, die mit dem Wort »Gelassenheit« nichts, aber auch gar nichts gemein haben. Wobei mir spontan die eine oder andere von Ellas Gewohnheiten einfällt. Um es gleich vorwegzunehmen: Ich bin mir völlig im Klaren, dass es umgekehrt auch etliches gibt, womit ich ihr regelmäßig schwer auf den Zeiger gehe. Aber darum dreht es sich hier ja zum Glück nicht. Ich bin es ja, der Coolness lernen soll. Was mich an Ella am meisten nervt, ist ihre – Verzeihung, Ella! – blöde Angewohnheit, Vereinbartes grundsätzlich noch einmal infrage zu stellen. Etwa so: Wir sind uns nicht im Klaren, ob wir im Fernsehen ARD oder SWR anschauen sollen. Nach einigem Hin und Her einigen wir uns schließlich auf SWR, und während ich schon die Fernbedienung in der Hand halte, sieht Ella mich stirnrunzelnd an und sagt: »Wir könnten aber auch NDR schauen.«

»Wir könnten aber auch …« So fängt sie immer an. Und zwar bei Weitem nicht nur, wenn es ums Fernsehen geht, sondern so gut wie nach jeder gemeinsam getroffenen Entscheidung.

»Wohin gehen wir heute Abend zum Essen: ins ›Lamm‹ oder in den ›Ochsen‹?« Nach mehr oder weniger langer Diskussion dann die Entscheidung: »Wir gehen in den ›Ochsen‹.« Und während wir schon in unsere Jacken schlüpfen, um die Wohnung zu verlassen, kann Ella – ich warte schon darauf – sich nicht verkneifen anzumerken: »Wir könnten aber auch in die ›Zunftstube‹ gehen.«

»Nehmen wir das Auto, oder gehen wir zu Fuß?« Ein paar Argumente hin und her, dann steht fest: Wir gehen zu Fuß. Ist schließlich viel gesünder. Und während ich meine bequemsten Schuhe anziehe – schließlich steht uns hin und zurück ein etwa zweistündiger Marsch bevor – meldet sich Ella: »Wir könnten aber auch den Bus nehmen.«

Sie verstehen, was ich meine? In solchen Momenten, wenn ich Schnappatmung bekomme und spüre, wie mir die Hände zittern, ganz und gar cool zu bleiben, das würde ich echt gern schaffen.

Ich könnte noch von vielen anderen Anlässen erzählen, bei denen bei mir von altersgemäßer Gelassenheit auch mit viel Wohlwollen keine Rede sein kann. Etwa, wenn ich bei einer Firma oder Behörde anrufe und mir eine samtweiche Frauenstimme zuflötet, alle Mitarbeiterinnen seien leider gerade anderweitig beschäftigt und ich solle mich doch bitte »einen kleinen Moment« gedulden. Wobei dann aus dem kleinen Moment erfahrungsgemäß locker eine gefühlte halbe Stunde oder mehr wird. Wie oft habe ich in solchen Fällen schon genervt aufgegeben und das Telefonat mit Wut im Bauch und sicher zornrot im Gesicht beendet, bevor es richtig angefangen hat. Und wenn sich nach einer halben Ewigkeit dann doch noch jemand gemeldet hat, war ich zu dem- oder derjenigen sicher mehr als einmal alles andere als freundlich. Obwohl der oder die bestimmt am wenigsten für die bescheuerte Warterei konnte.

Sogar bei der Jagd, an der ich doch immer so viel Freude habe und bei der ich mich so herrlich entspannen kann, platzt mir – wenn auch zum Glück selten – bisweilen der Kragen. So wie letzten

Sommer, als ich wochenlang hinter einer Rotte Wildschweine her war, die in einem Weizenfeld beträchtlichen Schaden angerichtet hatte. Wohl zehnmal hatte mich der erboste Bauer zuerst gebeten, dann angefleht und schließlich angeschrien, ich solle die Viecher endlich »abknallen«. Doch trotz intensivster Bemühungen und zahlloser Morgen- und Abendansitze hatte ich sie nie zu Gesicht bekommen. Bis sie eines Abends kurz vor Mitternacht im Mondlicht vor mir standen: wohl 20 Sauen auf dem Weg aus dem Wald Richtung Weizen. Geräuschlos brachte ich mein Gewehr in Anschlag, suchte mir ein frei und quer stehendes Schwein aus und wollte gerade abdrücken, als ein lauter Knall die Stille zerriss. Und dann gleich noch ein zweiter. Ehe ich registriert hatte, was da gerade geschehen war, waren die Tiere mit lautem Getrappel auf und davon. Und die Chance war vertan.

Wer oder was das war, möchten Sie wissen? Nun, da geht es Ihnen wie mir an diesem Abend. Zuerst dachte ich an einen Jagdkollegen, aber das war unmöglich. Ich war in dem Moment definitiv der einzige Jäger weit und breit. Ich grübelte und grübelte. Und dann kam mir endlich die Erleuchtung. Im nahen Dorf feierte jemand ein Jubiläum, vielleicht einen runden Geburtstag. Und bei derlei Events gibt es ja die beliebte Unsitte, pünktlich um Mitternacht Kanonenschläge oder ähnliche Kracher zu zünden. Womit man in der näheren und weiteren Umgebung nicht nur sämtliche friedlichen Schläfer, sondern eben auch die Wildschweine aufschreckt. Zu allem Überfluss habe ich später dann erfahren, dass der Anlass für das idiotische Geknalle der 18. Geburtstag des Sohnes ebenjenes Bauers war, der mir wegen der Sauen immer wieder die Hölle heiß gemacht hatte. Na, dem habe ich vielleicht was erzählt!

Doch da gibt es noch etwas, was mich tierisch nervt: Altersgenossen nämlich, die meinen, stets alles schlechtmachen zu müssen. Meine ehemalige Kollegin Brigitte ist dafür ein prächtiges Beispiel. Sie ist wie ich längst im Ruhestand, und ich treffe sie allenfalls noch hin und wieder auf dem Wochenmarkt. Wenn ich auf ihre eher der Gewohnheit als echtem Interesse geschuldete Frage, wie es mir gehe, antworte: »Danke, kann nicht klagen« – wobei es in meinem Alter – seien wir ehrlich – eigentlich immer einen Grund zur Klage gibt –, antwortet sie mit Sicherheit: »Wer weiß, wie lange noch?«

Ist das nicht idiotisch? Wer so denkt, kann doch gleich ganz darauf verzichten, irgendetwas gut zu finden oder sich gar darauf zu freuen. Selbst, wenn man – vielleicht aus leidvoller Erfahrung – davon überzeugt ist, nichts Erfreuliches hätte Bestand, muss man das doch seinen Mitmenschen nicht ständig aufs Butterbrot schmieren. Ich bedaure Leute, die hinter dunklen Wolken grundsätzlich nicht die Sonne, sondern stets noch dunklere Wolken sehen, aber müssen sie diese Sichtweise unbedingt auch von anderen verlangen? Ganz besonders von Altersgenossen, die in ihrem Leben vielleicht schon eine Menge Mist erlebt haben und jetzt ihren Lebensabend möglichst ungestört genießen wollen? Muss man denen besagten Lebensabend unbedingt mit derlei defätistischen Äußerungen versauen? Anstatt sich ehrlich mit ihnen zu freuen, wenn es ihnen gerade gut geht?

Wenn Sie das genauso sehen, können Sie sicher verstehen, warum ich Brigitte, wo und wann immer möglich, normalerweise aus dem Weg gehe. Doch ausgerechnet in der Cool-bleiben-Woche läuft sie mir über den Weg – und gibt mir damit die Möglichkeit, ein Exempel zu statuieren. Denn kaum hat sie mich auf dem Gehweg vor der Apotheke erblickt, steuert sie mit sauertöpfischer Miene auch schon zielstrebig auf mich zu. Doch diesmal bin ich gewappnet. Denn jetzt geht es nicht um Gelassenheit. Vielmehr gilt es, der missgünstigen Schachtel endlich ein symbolisches Verbotsschild vors Gesicht zu halten. Ich will mir von ihr genauso wenig bieten lassen wie von dem Smartphone-Ekel bei der Jägerversammlung. Cool bleiben, das ist mir mittlerweile klar, bedeutet keinesfalls, jedes Ärgernis klaglos hinzunehmen und aufwallenden Zorn wortlos hinunterzuschlucken, sondern in erster Linie, sich nicht über Dinge aufzuregen, die man eh nicht ändern kann. Und bei denen, die man ändern kann, dies möglichst ohne unnötiges Theater zu tun. Im Fall von Brigitte heißt das, ebenso wie bei dem idiotischen Jagdkollegen, ihr in aller Ruhe – Onkel Bertram lässt grüßen – klarzumachen, dass mir ihre blöde Bemerkung nicht passt. Sollte sie danach beleidigt sein und nie wieder ein Wort mit mir wechseln, umso besser! Auf Leute wie die kann ich in meinem Alter weiß Gott verzichten.

Als ich daher auf ihre unvermeidliche Frage nach meinem Befinden ehrlich »Danke, kann nicht klagen« antworte, freue ich mich geradezu auf ihre Antwort. Gleich wird sie es sagen! Und tatsächlich, da kommt es schon: »Wer weiß, wie lange noch!« Das ist mein Stichwort. Mit einem einleitenden »Das ist doch totaler Quatsch!« werfe ich ihr genau das an den Kopf, was ich Ihnen soeben dargelegt habe. Vor allem das mit den dunklen Wolken. Das Ganze jedoch keinesfalls laut oder gar aufbrausend, nein, bewusst ruhig und überlegt. Wer schreit, hat unrecht, Sie wissen schon.

Das Ergebnis ist beeindruckend. Brigitte reißt den Mund auf, klappt ihn aber gleich wieder zu und bringt am Ende nur ein gezischtes »Das habe ich doch nicht ernst gemeint. Das sagt man halt so« zustande.

»Das finde ich ganz und gar nicht«, erwidere ich und füge hinzu, dass ich ihren Spruch nicht nur alles andere als aufbauend, sondern sogar überaus unhöflich finde. Speziell älteren Menschen gegenüber.

»Darüber habe ich mir noch nie Gedanken gemacht«, murmelt sie kleinlaut. »Aber vielleicht hast du ja …«

Was ich vielleicht habe, weiß ich bis heute nicht. Ich hoffe mal: recht. Denn ohne den Satz zu Ende zu bringen, wendet sie sich um und lässt mich einfach stehen.

Ich bin gespannt, ob sie mich das nächste Mal, wenn wir uns über den Weg laufen, wieder ansprechen oder eher so tun wird, als sähe sie mich nicht. Mir kann es egal sein. Eines steht für mich jedenfalls fest: Sollte sie sich wirklich noch mal nach meinem Befinden erkundigen, wird sie sich ihren bescheuerten Kommentar ganz sicher verkneifen.

Einen Tag später, es ist Mittwoch, stehe ich dann vor meiner ultimativen Cool-bleiben-Prüfung. Und um es vorweg zu verraten: Ich vergeige sie nach Strich und Faden. Aber von Anfang an. Ella und ich sind zu einer Geburtstagsfeier in der Nachbarstadt eingeladen. Dahin kommt man normalerweise in einer knappen halben Stunde Fahrzeit. Doch auf der Bundesstraße sehen wir schon von Weitem blinkendes Blaulicht, hektisches Treiben und einen rasch länger werdenden Stau. Ein Unfall! Das kann dauern. Ein Glück, dass ich mich in der Gegend gut auskenne. Also wende ich und biege nach etwa zwei Kilometern auf eine Ausweichroute ein. Die ist sogar kürzer, hat aber einen entscheidenden Nachteil: den beschrankten Bahnübergang bei Nettelsbeck. Da werden die Schranken noch von einem Menschen hoch- und runtergekurbelt, und der ist eindeutig ein Sadist. Weil er sich ganz offensichtlich diebisch freut, wenn die Schlange der wartenden Autos immer länger wird. Was natürlich eine entsprechende Wartezeit mit sich bringt. Die könnte nämlich problemlos sehr viel kürzer sein, würde der Typ seine Kurbel nicht jedes Mal schon betätigen, wenn die Bahn noch 50 Kilometer entfernt ist. Zu allem Überfluss muss der Zug auch noch an einem kleinen Bahnhof – eben Nettelsbeck – in Sichtweite der Schranke halten und Fahrgäste ein- und aussteigen lassen. Folglich würde es vollkommen ausreichen, wenn der Lokführer den Schrankenwärter kurz über die bevorstehende Abfahrt informieren würde, woraufhin dieser immer noch rechtzeitig genug tätig werden könnte. Aber so stauen sich immer mehr Autos, obwohl der Zug noch gar nicht in Sichtweite ist, und während er dann endlich in den kleinen Bahnhof einläuft und dort wartet, wird die Schlange länger als bei einem Unfall auf der Autobahn zur Hauptverkehrszeit. Reine Schikane! Ich kann mir den Schrankenwärter richtig vorstellen, wie er genüsslich auf die

Reihe von Autos sieht und dabei schadenfroh in sich hineingrinst. Wie gesagt, ein Sadist schlimmster Sorte!

Diesem Bahnübergang nähern wir uns nun, und schon jetzt kann bei mir von Coolbleiben keine Rede mehr sein. Vielmehr zittert meine Stimme hörbar, als ich immer wieder »Hoffentlich ist die scheiß Schranke auf!«, »Hoffentlich ist die scheiß Schranke auf!« murmle. Und wir haben Glück: Schon aus einiger Entfernung kann man erkennen, dass die rot-weißen Stangen senkrecht nach oben ragen. Gott sei Dank!

Doch dann – wir sind nur noch höchstens 100 Meter entfernt – schaltet die Ampel plötzlich auf rot, und die Schranken beginnen, sich zu senken. Langsam zwar, aber unerbittlich. Ein Blick in den Rückspiegel: Kein weiteres Auto ist hinter uns. Es wäre für den Wärter also überhaupt kein Problem, uns noch durchfahren zu lassen und die blöden rot-weißen Stangen erst danach runterzukurbeln. Bis der Zug kommt, wäre dafür noch Zeit im Überfluss. Aber nein. Gnadenlos versperrt der Typ uns die Weiterfahrt. Was uns eine gefühlte Stunde Zeit kosten wird. Ich seufze gequält auf und verpasse damit die letzte Chance, auf die Situation souverän und gelassen, cool eben, zu reagieren. Stattdessen fluche ich laut, nenne den Kurbeldreher einen verfluchten Idioten und trommle so heftig auf das Lenkrad, dass Ella besorgt fragt, ob das Teil das aushält.

»Ich denke, du willst dich über Dinge, die du eh nicht ändern kannst, nicht mehr aufregen?«, säuselt sie mir zu, und ich erkenne mühelos, dass sie dabei ein hämisches Grinsen zu unterdrücken versucht. »Wozu hat man ein Handy. Gib mir deines mal kurz rüber, dann rufe ich an und sage, dass wir ein bisschen später kommen.«

Doch daraus wird nichts. Ich habe nämlich wieder mal mein Smartphone zu Hause liegen lassen. Im Badezimmer, das weiß ich genau, aber das nützt mir jetzt auch nichts.

»Eine Brieftaube wäre jetzt nicht schlecht«, versucht Ella zu scherzen, merkt aber sofort, dass mir nach derlei Albernheiten jetzt nicht zumute ist. Darum fügt sie ernst an: »Wir fahren doch nicht zu einem Vorstellungsgespräch oder einer Privataudienz beim Papst. Die werden schon merken, wenn wir uns verspäten. Immerhin kennen wir uns doch schon so lange, dass sie wissen, dass wir normalerweise eher zu früh als zu spät kommen.«

Das sehe ich zwar genauso, dennoch lässt mein hektisches Geatme und das Lenkrad-Getrommle nicht nach. »Der Kerl da oben sollte mir mal im Dunkeln begegnen«, zische ich wütend. »Am besten, wenn ich ein Gewehr dabeihabe.«

Aber derlei Gedanken und Wünsche nützen mir jetzt natürlich überhaupt nichts. Da hilft nur, geduldig zu warten. Und dabei wird mir klar, dass ich Wolfgang am Freitag einen Misserfolg werde beichten müssen. Cool ist weiß Gott etwas anderes. Inzwischen ist der Zug im Nettelsbecker Bahnhof eingelaufen und hält an. Menschen steigen aus und ein, dann ist Stille. Warum gibt der Lokführer denn nicht endlich Gas? Gibt's für den keinen Fahrplan? Oder wartet der etwa noch auf jemanden? Vielleicht gar auf einen Gegenzug? Aber die Strecke ist doch zweigleisig. Das ergibt doch alles keinen Sinn.

Nach einer gefühlten Ewigkeit setzt sich der Zug endlich in Bewegung und rollt auf die Schranke zu, um schließlich auf der anderen Seite zu verschwinden. Gott sei Dank! Doch wenn ich jetzt gedacht habe, die Schranke würde hochgehen, sehe ich mich getäuscht. Und während sich hinter uns eine Schlange gebildet hat, deren Ende ich im Rückspiegel schon längst nicht mehr ausmachen kann, bleibt die Durchfahrt weiter gesperrt.

»Da kommt wohl noch ein Gegenzug«, bemerkt Ella mit erstaunlich ruhiger Stimme und bestätigt damit meine schlimmsten Befürchtungen. Denn der ist ja vielleicht noch 50 Kilometer weit weg.

Doch dann ertönt ein lautes Tuten, und schließlich ist auch der lange Güterzug durch. Danach dauert es immer noch gefühlte drei Minuten, bevor der Schrankensadist zu seiner Kurbel greift. Ein Albtraum!

Was soll ich sagen? Die Geburtstagsgesellschaft, oder besser gesagt, einer von ihnen, hat in den Verkehrsnachrichten von dem Unfall auf der Bundesstraße gehört und bei der Ankunft gleich die Gastgeber darüber in Kenntnis gesetzt. Wobei er schlauerweise hinzugefügt hat, dass Ella und ich jetzt wohl über Nettelsbeck fahren würden und vermutlich vor der blöden Schranke stünden. Und so werden wir eine knappe halbe Stunde später von allen freundlich empfangen, niemand ist uns böse, und es wird ein überaus vergnügter Abend. Der für mich nur dadurch getrübt wird, dass ich am Freitag meinen Misserfolg werde beichten müssen.

Und dann kommt er, der Freitagnachmittag, an dem ich Wolfgang mein Versagen in Sachen Coolness schonungslos gestehe. Was soll ich auch um den heißen Brei herumreden, ich kann ja schließlich nichts dafür, dass die Deutsche Bahn die Nettelsbecker Kurbel einem derart inkompetenten Versager anvertraut.

Er habe einmal in der Zeitung gelesen, bemerkt Wolfgang und grinst mich dabei hämisch an, dass an besagtem Bahnübergang seit einer Ewigkeit kein Unglück mehr passiert sei. Und dass man diesen Erfolg den Schrankenwärtern zuschreibe, die mit ihrer großen Erfahrung und langjährigen Routine für eine reibungslose Abwicklung des Verkehrs an diesem heiklen Knotenpunkt sorgten.

»Reibungslos nennt man so etwas? Folterknechte sind das!«, kann ich mir nicht verkneifen, seine Bemerkung zu kommentieren. »Sadisten pur!«

Doch dann meint er, das Thema hätten wir jetzt ausreichend abgehandelt und beginnt mit seinem Bericht zum Thema »Souveränes Verhalten in der vergangenen Woche«: »Tut mir echt leid, aber mit so einer spektakulären Aktion wie du kann ich leider nicht dienen. Meine Bemühungen hatten zwar auch allesamt mit dem Straßenverkehr zu tun, haben sich aber nicht auf ein einzelnes Ereignis konzentriert. Vielmehr habe ich mich die ganze Woche über angestrengt bemüht, beim Autofahren ruhig und gelassen zu bleiben, egal, was auch passiert. Ich habe mich penibel an sämtliche Geschwindigkeitsvorgaben gehalten, bin nicht ein einziges Mal bei Gelb über eine Kreuzung gefahren und habe sogar mehrmals einem anderen Fahrzeug die Vorfahrt gelassen, auch wenn mir keineswegs klar war, warum. Und wenn ich doch einmal in Versuchung geraten bin, mich über einen Deppen aufzuregen, der bei Grün nicht losgefahren ist, unmittelbar vor einer unübersichtlichen Rechtskurve zum Überholen angesetzt oder beim Ausfahren aus dem Kreisverkehr links geblinkt hat, habe ich eine Taktik angewandt, von der ich zur Vorbereitung auf die Wochenaufgabe gelesen habe. Kann ich dir auch sehr ans Herz legen.«

»Lass hören.«

»Nun, eine Empfehlung, die ich in Zukunft auf alle Fälle beherzigen werde, ist, in heiklen Situationen nicht übereilt zu reagieren, sondern sich gedanklich erst mal eine Weile dem Problem zu entziehen und sich erst wieder damit zu befassen, wenn man sich zutraut, cool zu bleiben.«

»Und wie soll das vor einer geschlossenen Schranke gehen?«, wende ich ein. »Soll ich auf einen Feldweg abbiegen und dort im Lotussitz meditieren, bis ich mich wieder beruhigt habe?«

Wolfgang schüttelt den Kopf. »Das ist ja nur ein allgemeiner Tipp, der natürlich nicht immer und überall anwendbar ist, den ich aber grundsätzlich für beherzenswert halte. Nicht vor lauter Wut irgendetwas tun, was man später vielleicht bereut, sondern, wo immer möglich, mit coolem Kopf reagieren. Und was eigentlich immer ratsam und auch machbar ist: erst mal tief durchatmen und bis zehn zählen. Und dabei bewusst lächeln. Auch wenn einem gerade ganz und gar nicht danach zumute ist. Dadurch werden offenbar Glückshormone ausgeschüttet, und die helfen einem, die Sache nicht allzu verbissen zu sehen. Das kann man angeblich regelrecht trainieren. Werde ich jedenfalls ausprobieren.«

»Na ja, schaden kann's ja nicht«, überlege ich laut. »Vielleicht sollte ich in Zukunft, wann immer möglich, absichtlich die Strecke über Nettelsbeck nehmen. Und wenn die Schranke mal wieder unten ist, ein paarmal tief durchatmen und dabei lächelnd bis zehn zählen. Wobei es bei der üblichen Wartezeit dort problemlos möglich wäre, das bis tausend zu tun. Ich darf halt nur nicht an den fiesen Schrankenwärter denken, der da bestimmt schadenfroh grinsend auf mich blickt, dann könnte es mit dem Cool-Bleiben vielleicht klappen. Einen Versuch ist es allemal wert.«

»Das Streben nach Jugend hat uns blind gemacht für die Möglichkeiten des Alterns.«

Betty Friedan,
amerikanische Soziologin, 1921–2006

Macht Ruhestand krank?

Ein paar Tage später sehe ich beim Bezahlen an meiner Lieblingstankstelle aus den Augenwinkeln eine Hand, die mir zuwinkt. Sie gehört zu Alfred, einem Bekannten aus einem unserer Nachbarhäuser. Ich kenne ihn nicht besonders gut, weiß nur, dass er Ende 60 sein dürfte und bis zu seiner Pensionierung bei der Stadtverwaltung gearbeitet hat, im Baurechtsamt, glaube ich. Jetzt steht er an einem der runden Tische, vor sich eine aufgeschlagene Zeitung und eine Tasse, aus der Dampfschwaden aufsteigen. Ich schlendere zu ihm hinüber, und er lädt mich auf einen Kaffee ein. Gerne nehme ich an, ich habe ja Zeit.

»Und, Alfred, wie stehen die Dinge?«, erkundige ich mich.

Er winkt ab. »Ist nicht so toll, mein Leben. Als ich vor drei Jahren pensioniert worden bin, fand ich das am Anfang großartig. Kein morgendlicher Wecker mehr, nicht mehr um sieben im überfüllten Bus stehen müssen. Nie mehr das fade Kantinenessen, kein Ärger mehr mit Chef, Kollegen und vor allem renitenten Bauherren. Endlich frei.

Ich habe es genossen, morgens bei ein, zwei, drei Tassen Kaffee die Zeitung von vorn bis hin durchzulesen, tagsüber fernzusehen und mit meiner Frau spazieren zu gehen, wann immer uns danach war.«

»Klingt echt gut«, unterbreche ich ihn. »Und das siehst du jetzt anders?«

Er nickt traurig. »Man gewöhnt sich schnell an die Annehmlichkeiten des Ruhestandes. Aber irgendwann verlieren die ihren Reiz. Bei mir war es jedenfalls so. Ich habe die tägliche Routine vermisst, den Austausch mit den Arbeitskollegen, den Kontakt mit Kunden, um sie mal so zu nennen, und vor allem – das ist mir erst nach und nach klar geworden – die Erfolgserlebnisse, wenn ich schwierige Projekte zum erfolgreichen Abschluss gebracht hatte. All das gibt es für mich nicht mehr. Nein, ehrlich, was mir heute ernsthaft zu schaffen macht, ist Langeweile.«

»Tatsächlich?«, staune ich. »Kann ich überhaupt nicht nachempfinden.«

In der Tat habe ich von dieser Art von Langeweile schon einmal gehört und eine ganze Weile gebraucht, bis ich einsehen musste, dass offenbar gar nicht so wenige Pensionäre Probleme haben, ihre Tage – mehr schlecht als recht – über die Runden zu bringen. Zu abwegig schien mir der Gedanke. Aber es ist offenbar tatsächlich so: Nicht wenige Ruheständler wissen mit der vielen Zeit, die sie von einem Tag auf den anderen haben, schlicht nichts anzufangen. Bislang war der Beruf ihr Lebensinhalt, danach kam lange nichts. Vielleicht noch ein bisschen Familie, das war's dann auch schon. Und jetzt, da sie den ganzen Tag zu Hause rumhängen, fühlen sie sich nicht mehr gebraucht und sind enttäuscht, dass niemand mehr ihr Fachwissen und die in vielen Jahren gewachsene Erfahrung – kristalline Intelligenz, Sie erinnern sich – benötigt. Zwar sind sie sich ihrer neu gewonnenen Freizeit durchaus bewusst, machen aber viel zu wenig daraus. Kurz: Es geht ihnen ganz anders als mir, der ich selbst dann keinerlei Mühe hätte, meine Tage abwechslungsreich und erfreulich zu gestalten, wenn sie 30 und mehr Stunden hätten.

Zu vielfältig sind doch die Möglichkeiten, die der Ruhestand bietet.

Ich bedanke mich für den Kaffee, wünsche Alfred, dass er bald eine Beschäftigung findet, die ihm Spaß macht und ihn ausfüllt, und fahre nachdenklich nach Hause. Dort schalte ich meinen Computer an und mache mich auf diversen Internetseiten mit dem Phänomen vertraut, unter dem Alfred offensichtlich leidet und für das Psychologen die Bezeichnung »Bore-out« erfunden haben. Die leitet sich vom englischen Wort »boredom« für »Langeweile« ab und kommt offenbar sogar schon bei Berufstätigen, die sich bei ihrer Tätigkeit unterfordert fühlen, gar nicht so selten vor. In einem mehrseitigen Aufsatz stoße ich sogar auf eine Studie, die angeblich belegt, dass ein zu früher Ruhestand der Gesundheit schadet. Dann lese ich aber an anderer Stelle, derartige Untersuchungsergebnisse seien mit Vorsicht zu genießen. Denn bei gar nicht so wenigen Erwerbstätigen – schreckliches Wort, nicht wahr? – ist ja gerade ihr Gesundheits- oder besser gesagt Krankheitszustand einer der Hauptgründe, in Rente zu gehen. Wenn daher in empirischen Studien eine Verschlechterung des Befindens für exakt die Lebensphase festgestellt wird, in die der Renteneintritt fällt, lässt sich nicht ohne Weiteres sagen, ob der schlechte Gesundheitszustand Grund für das Ausscheiden aus dem Berufsleben war oder ob es sich nicht vielleicht gerade andersrum verhielt, dass nämlich die Pensionierung Ursache der gesundheitlichen Verschlechterung war. Fakt scheint jedenfalls zu sein, dass sich der Mythos vom Rentnersiechtum oder gar -tod mithilfe wissenschaftlicher Studien nicht bestätigen lässt. Im Gegenteil – und jetzt kommt der große Lichtblick: Der Renteneintritt wirkt oft sogar gesundheitsfördernd, sofern die neu gewonnene Freizeit optimal genutzt wird. Was bei der Mehrheit der Senioren, wie bei mir, glücklicherweise der Fall zu sein scheint.

Denn wenn man einmal gründlich nachdenkt, kommt man doch unweigerlich zu dem Schluss, dass die Lebensumstände für Ältere und Alte nie so günstig waren wie heutzutage – eine halbwegs robuste Konstitution vorausgesetzt. Denn im Vergleich zu vor 100 Jahren hat sich für uns Senioren doch enorm viel verändert, und zwar eindeutig zum Positiven. Mag sein, dass man damals alte Menschen mit ihrer umfangreichen Lebenserfahrung mehr verehrte als heute, wo sie vielen Mitbürgern eher lästig sind. Doch damals waren die Senioren allesamt in ein enges Korsett aus rigiden Normen gezwängt. Es gab eine Menge Dinge, die man ihnen schlicht nicht mehr zugestand und die bei den Mitmenschen, hätten sie sich darüber hinweggesetzt, unverständiges Kopfschütteln ausgelöst hätten.

Wenn ich etwa an meine Oma mütterlicherseits denke, habe ich das Bild einer verhärmt wirkenden, stets vornüber gebeugt gehenden Greisin vor Augen, an der das einzig nicht Schwarze ihre schneeweißen Haare und ihre blauen Augen waren. Niemals hätte sie sich getraut, etwas auch nur halbwegs Buntes anzuziehen. Und ihr Ehemann, mein Opa, wäre eher auf die Idee gekommen, die Dachwohnung seines Hauses an eine Krankenschwester oder Altenpflegerin zu vermieten, um für den Fall eines gesundheitlichen Problems stets hilfsbereites Fachpersonal in seiner Nähe zu wissen, als etwa mit Gleichaltrigen eine Fahrradtour zu unternehmen oder sich gar – wie Wolfgang und ich – mit ihnen in einer Kneipe zu einem Bier zu verabreden. Wie er überhaupt sein Haus nur verließ, wenn er mal zum Arzt oder Friseur musste. Sogar das Einkaufen überließ er seiner Tochter, meiner Mutter. Hat die mir jedenfalls erzählt, wobei sie hinzugefügt hat, dass sie das seinerzeit als völlig normal empfunden hat. Schließlich war ihr Vater schon über 70 da konnte man nicht mehr allzu viel verlangen.

Heute dagegen kommt uns zugute, dass wir zum großen Teil immer später alt werden und dabei immer länger fit bleiben. Wobei nicht von dem in Zahlen ausgedrückten, sondern vom sogenannten »gefühlten« Alter die Rede ist. 80 sei das neue 60, habe ich mehrfach gehört, und 60 das neue 40. Das kann ich aus eigener Erfahrung nur bestätigen. Eine entscheidende Rolle spielt dabei, dass sich die Jungen heutzutage im Allgemeinen sehr viel weniger darum kümmern, was ihre betagten Mitmenschen tun, mit wem sie zusammenwohnen, wie sie sich kleiden und wofür sie ihr Geld ausgeben. Jung und Alt leben zwar im Vergleich zu früher öfter nebeneinander her – was allein schon an üblicherweise getrennten Wohnungen liegt. Aber genau dieser Abstand eröffnet den Älteren, da sie sich nicht mehr ständig beobachtet fühlen und für ihr Tun rechtfertigen müssen, eben auch ein Mehr an Freiheiten. Freiheiten, auf die heute kaum noch ein Senior verzichten möchte.

In diesem Zusammenhang ein heißer Tipp: Wenn Sie sich mal wieder heimlich darüber freuen, dass die Treppe, die Sie sich mangels Aufzug gerade hoch mühen, ein Geländer zum Daran-Ziehen hat oder dass es langstielige Zangen gibt, mit denen man Dinge vom Boden aufheben kann, ohne sich bücken zu müssen, vergleichen Sie Ihre aktuelle Situation doch einmal nicht mit früheren Lebensabschnitten, sondern mit der von Gleichaltrigen vergangener Zeiten. Als man mit einem kaputten, weil abgenutzten Hüftgelenk eben bis zum Lebensende schmerzgeplagt herumhumpeln musste, anstatt es sich mal eben gegen ein fabrikneues Exemplar austauschen zu lassen. Und als man verloren gegangene Zähne – dass die mit der Zeit immer weniger wurden, hielt man seinerzeit noch für ein unabwendbares Schicksal – allenfalls mithilfe einer lästigen Prothese ersetzen konnte, die einen zwang, ein Schnitzel vor dem Verzehr klein zu schneiden und klebrige Nahrungsmittel konsequent zu vermeiden. Was im Übrigen ja immer noch um Klassen besser war als das, was die Menschen in früheren Jahrhunderten zu ertragen hatten. Vom Sonnenkönig Ludwig XIV. etwa ist bekannt, dass während der Mahlzeiten ein junger Mann neben ihm saß, der ihm das Fleisch weich kauen musste. So entstand angeblich die Pastete. Gruselige Vorstellung, oder?

Mein Vater war schon mit Anfang 60 Vollprothesenträger, der unter den damit einhergehenden Einschränkungen allein schon deswegen ganz besonders litt, weil er seit jeher ein großer Freund opulenter Mahlzeiten, begleitet von einem erlesenen Tropfen, war. Abgesehen davon, dass er heute aufgrund der erheblich verbesserten allgemeinen Mundhygiene sicher keine Prothese mehr bräuchte, hätte er selbst dann noch die Möglichkeit, sich Implantate in den Kieferknochen schrauben und darauf einen Zahnersatz befestigen zu lassen, der den eigenen Zähnen in puncto Kaukomfort allenfalls minimal nachsteht.

Womit wir endlich bei den nahezu unendlich vielen Möglichkeiten angekommen wären, die uns Ruheständlern heutzutage zur Verfügung stehen. Vor Kurzem habe ich in einer Zeitschrift – ich vermute, es war die *Apotheken-Umschau* – einen Artikel mit der Überschrift »Keine Zeit, bin Rentner!« gelesen und dabei natürlich sofort an das T-Shirt gedacht, das mir meine Tochter – hinterhältig grinsend – zum Ruhestand geschenkt hat. Das hatte nämlich genau diese Aufschrift. Und das habe ich bis heute nicht ein einziges Mal getragen. Denn bei alledem, womit ich meine reichliche Freizeit verbringe, achte ich doch sehr darauf, mir nicht zu viel zuzumuten und keinesfalls einen Termin an den anderen zu reihen. Schließlich will ich ja an meinem Lebensabend nicht stärker unter Stress stehen als während meiner Berufszeit.

*»Was wäre das Leben, hätten wir nicht
den Mut, etwas zu riskieren.«*

Vincent van Gogh,
niederländischer Maler, 1853–1890

Tu's doch einfach!

Eines steht fest: In keiner anderen Lebensphase sind wir derart frei und von anderen Menschen unabhängig wie im Ruhestand. Speziell wenn wir die 70 überschritten haben und unsere Elterngeneration von der Erde abgetreten ist, gibt es niemanden mehr, der uns vorschreibt, was wir tun und lassen sollen. Natürlich müssen wir uns vielleicht mal um unsere Kinder und vor allem unsere Enkel kümmern, das aber nur, wenn wir wollen und dafür Zeit haben.

Als Kleinkind sind wir voll und ganz unseren Eltern ausgeliefert, und daran ändert sich auch nichts, wenn wir das Kindergarten- und Schulalter erreicht haben. Wobei uns dann auch noch Erzieherinnen und Lehrerinnen vorschreiben, was wir zu tun und zu lassen haben. Nach der Schule, während Studium oder Ausbildung, sind es dann Lehrherren, Gesellen, Assistenten, Professoren und andere für unser Vorankommen Verantwortliche, nach deren Pfeife wir tanzen müssen. Hinzu kommen natürlich Ehepartner und Kinder, für deren Wünsche und Probleme rund um die Uhr da zu sein, für uns eine Selbstverständlichkeit sein sollte. Da heißt es: Babys wickeln, sie mit dem Kinderwagen ausfahren und mit ihnen spielen. Nachts muss man sich – in einer idealen Ehe abwechselnd – um das schreiende Kind kümmern, muss es (wieder) wickeln und (als Frau) stillen; und wenn es mal krank ist, ist eine Rund-um-die-Uhr-Betreuung angesagt. Später gilt es, die Kleinen in den Kindergarten zu bringen, sie von dort wieder abzuholen und Ohren für ihre kleinen Sorgen und Nöte zu haben. Sind die Kinder dann in der Schule, müssen Hausaufgaben kontrolliert, Elternabende besucht und bei der Urlaubsplanung die Ferien berücksichtigt werden. Danach folgt die weitere schulische und berufliche Ausbildung. Auch sie nötigt den Eltern so manche Einschränkung ab, besonders zeitlicher, aber natürlich auch finanzieller Art. Und das geht zumindest so lange weiter, bis die Nachkommen schließlich das Haus verlassen und, auf eigenen Füßen stehend, selbst eine Familie gründen. Verstehen Sie mich bitte nicht falsch. Das klingt jetzt so, als seien Kinder und andere Familienmitglieder vor allem eines, nämlich lästig. Das ist natürlich Blödsinn. Aber vollkommen frei schalten und walten, wie uns gerade der Sinn steht, können wir in dieser doch recht langen Phase unseres Lebens nun mal nicht.

Dann das große Thema Beruf. Egal, für welchen wir uns entschieden haben, stets gibt es andere Menschen – Firmenchefs und sonstige Vorgesetzte, Abteilungsleiter, Kollegen, Kunden und Konkurrenten, um nur einige zu nennen –, nach deren Vorgaben wir uns zu richten haben. Und wenn dann irgendwann die Pensionierung ansteht und die Kinder vielleicht längst aus dem Haus sind, sind es unsere betagten Eltern, um die wir uns kümmern und die wir, oft weil sie gesundheitlich angeschlagen sind, auf dem restlichen Lebensweg begleiten müssen.

Bei meinem Vater, um nur ein Beispiel zu nennen, bestand meine Begleitung und Unterstützung darin, dass ich ihn mehrfach anfänglich zum Transplantationszentrum an der Uniklinik Erlangen, später dann zu dem im thüringischen Jena fuhr und dort mit ihm viele Stunden verbrachte. Er hatte sich nämlich

Hepatitis-C-Viren eingefangen, die eine massive Leberentzündung verursachten, woraus sich später eine Zirrhose, ein narbiger Umbau des Organs, entwickelte. Da das Leiden seinerzeit nicht heilbar war – heute ist das kein Problem mehr –, bestand die einzige Überlebenschance für meinen Vater darin, die Leber eines Verstorbenen transplantiert zu bekommen. Was angesichts der vielen, vielen auf ein Spenderorgan Wartenden allerdings so gut wie nie von heute auf morgen, sondern, wenn überhaupt, oft erst nach Monaten oder gar Jahren klappt. Mein Vater – er war damals schon 76 – wartete vergeblich und starb schließlich im Krankenhaus. Bis es so weit war, versuchten wir – Ella, ich, mein Bruder und meine Schwägerin –, ihn in der Klinik möglichst wenig allein zu lassen, was bedeutete, dass wir uns mit den Krankenbesuchen abwechselten. Zeit für andere Aktivitäten blieb da nur wenig. Ein paar Jahre nach meinem Vater starb dann meine Mutter. Sie überlebte eine Darmkrebs-Operation nur wenige Monate. Da mein Schwiegervater seinerzeit schon seit Längerem nicht mehr lebte, blieb als Letzte nur noch meine Schwiegermutter, um die wir uns kümmern mussten – das etwas mehr als vier Jahre lang. Dann stand auch ihre Beerdigung an.

Seither sind wir vollkommen frei und unabhängig. Wobei ich Sie schon wieder bitten muss, mich richtig zu verstehen. Uns um unsere Eltern zu kümmern, war für uns keinesfalls eine lästige Pflicht, sondern eine absolute Selbstverständlichkeit. Und schon gar nicht empfanden wir ihren Tod als Erlösung. Vielmehr ist es doch so: Es ist ganz natürlich, dass sich Eltern für ihre Kinder einsetzen, bis diese irgendwann erwachsen sind und auf eigenen Füßen stehen können. Wobei gar nicht so wenige Kinder – ich schließe die meinen ausdrücklich ein – sich selbst dann noch mit ihren Sorgen und Nöten gern an ihre Eltern wenden, zumindest von Zeit zu Zeit. Aber mit den Jahren kehrt sich die Sache dann nach und nach um: Die Eltern sind mehr und mehr auf die Unterstützung ihrer Kinder angewiesen. So wie das eben bei meinen Eltern und Schwiegereltern auch war. Das ist ein ganz natürlicher Prozess, der so oder so ähnlich wohl in den allermeisten Eltern-Kind-Beziehungen abläuft.

Wenn die Eltern gestorben sind und keine anderweitigen pflegerischen Verpflichtungen mehr anstehen, bedeutet das für sehr viele von uns den Beginn der einzigen Lebensphase, in der wir vollkommen frei und unabhängig sind und niemand anderem mehr Rechenschaft schulden. Wobei sich dieser Lebensabschnitt von den vorausgegangenen durch eine bemerkenswerte Eigenschaft unterscheidet: Er hat ein klar definiertes Ende. Alle vorherigen Daseinsphasen gingen früher oder später in die nächste Phase über, der Lebensabend dagegen endet definitiv mit dem Tod. Was automatisch impliziert, dass das, was wir bis dahin tun, mit unserem Ableben aus und vorbei ist – außer dass es irgendwelche Auswirkungen auf andere Personen hat. Verstehen Sie mich bitte nicht falsch, das ist keinesfalls ein Grund zur Traurigkeit. Im Gegenteil! Denn die Endlichkeit unseres Daseins eröffnet uns eine Menge Chancen, die wir – im Wissen, dass das damit verbundene Risiko, zu scheitern, mit fortschreitendem Alter immer überschaubarer wird – einfach nur ergreifen müssen.

Wenn wir etwa einen erheblichen Teil unseres Geldes infolge einer falschen Entscheidung verlieren, kann das in jungen Jahren fatal, wenn nicht gar existenzgefährdend sein. Im Alter dagegen können wir einen solchen Verlust normalerweise allein schon wegen der Begrenztheit der noch vor uns liegenden Lebenszeit im Allgemeinen wesentlich leichter verschmerzen. Voraussetzung sind lediglich Tatkraft und vor allem Mut, gemäß dem Titel dieses Kapitels: »Tu's doch einfach!« Oder wie die Engländer es ebenso knapp wie treffend ausdrücken: »No risk, no fun.«

Die durchschnittliche Lebenserwartung in Deutschland liegt derzeit bei 78 Jahren für Männer und 83 Jahren für Frauen. Für mich als 73-Jährigen bedeutet das schlicht, dass mir, statistisch gesehen, gerade noch fünf Jahre bleiben, bis ich, wie es so schön heißt, das Zeitliche segnen, ins Gras beißen oder den Löffel abgeben werde –

suchen Sie sich eine Variante aus. Fünf Jahre, um noch möglichst viel von dem zu erleben und zu erledigen, was ich mir vorgenommen habe. Natürlich können es ein paar Jahre mehr werden, aber genauso gut ist es möglich, dass ich es gar nicht bis zu meinem 78. Geburtstag schaffe.

Bis dahin werde ich die viele freie Zeit vor allem für gemeinsame Aktivitäten mit Ella sowie für die Jagd und zum Lesen verwenden. Gelesen habe ich schon immer viel und gern. Aber es ist eben ein Unterschied, ob man ein Buch von Zeit zu Zeit für ein, zwei Stunden aufschlagen kann oder die Möglichkeit hat, sich längere Zeit vollkommen darin zu versenken. Was bei mir schon mal einen kompletten Nachmittag in Anspruch nehmen kann. Außerdem höre ich gern klassische Musik. Aber was heißt hören? Viel größer ist der Genuss, wenn man die Akteure bei einem Klavier- oder Violinkonzert, einer Sinfonie oder sonst einem Musikstück beobachten kann. Wenn man sieht, mit welchem Einsatz und mit welcher Virtuosität sie ihre Instrumente beherrschen und mit welchem Engagement der Dirigent zu Werke geht. Deshalb schaue ich mir musikalische Darbietungen, sofern ich nicht selbst mit Ella in ein Live-Konzert gehe, am liebsten auf YouTube an. Da kann ich sogar vergleichen, wie bestimmte Orchester und Dirigenten etwa die Siebte Sinfonie von Beethoven interpretieren. Es ist wirklich erstaunlich, welche Unterschiede es da gibt.

Was Ella und ich auch mit Begeisterung tun, ist allgemein als des Rentners Lieblingsbeschäftigung bekannt: reisen. Allerdings sehr ungern pauschal nach Teneriffa, Rhodos oder auf die Malediven, sondern am liebsten mit dem Auto – siehe Kappeln an der Schlei – oder gemeinsam mit M. und M. in einem gemieteten Wohnmobil – siehe Südtirol und Toskana. Italien lieben wir ganz besonders: die Landschaft, das Meer, das Dolce-far-niente sowie nicht zu vergessen das köstliche Essen und Trinken. Hinzu kommt, dass ich die Sprache immerhin so gut beherrsche, dass mir Kellner, Hotelportiers oder Polizisten auf meine Fragen nicht reflexartig auf Englisch antworten. Was Ella und ich dagegen überhaupt nicht mögen, sind Kreuzfahrten. Das sind uns zu viele Leute auf zu kleinem Raum, ständig und überall Geschiebe und Gedränge, dazu die Landausflüge in miefigen Bussen und anschließend die Entwürdigung, hinter einem Führer mit hochgestreckter Nummerntafel herzutrotten. Da kommen wir uns vor wie Lämmer im Gefolge ihres Hirten. Nein, das haben wir ein einziges Mal probiert und waren uns einig, dass das das erste und letzte Mal war. Aber ich weiß, dass eine Kreuzfahrt durchs Mittelmeer, in der Karibik oder hoch zum Nordkap für viele Mitmenschen der Gipfel der Genüsse ist. Warum auch nicht? Die Geschmäcker sind Gott sei Dank verschieden.

Erwarten Sie jetzt bitte nicht, dass ich Ihnen an dieser Stelle konkrete Ideen für einen erfüllten Lebensabend aufzähle. Dazu gibt es schlicht viel zu viele Möglichkeiten und obendrein eine ganze Menge Bücher wie *Endlich im Ruhestand – und jetzt?*, *Hallo Ruhestand*, *Ruhestand für Anfänger* und wie sie alle heißen. Darin sollten Sie, wenn Sie Ideen suchen, eigentlich fündig werden. Entscheidend scheint mir vor allem zu sein, dass Sie sich für eine Beschäftigung entscheiden, an der Sie wirklich Freude haben, und nicht für irgendetwas, von dem Sie denken, man würde es von Ihnen erwarten. Auch die Angst vor einem schlechten Gewissen ist kein guter Ratgeber. Ausgezeichnete Beweggründe sind dagegen, wenn Sie etwas schon immer tun wollten und dafür bislang nur noch keine Zeit gefunden haben, wenn Sie vielleicht ein Hobby wiederaufleben lassen, das Sie früher begeistert hat und das Sie – ebenfalls aus Zeitmangel – aufgeben mussten. Probieren Sie getrost diverse Einfälle und Angebote aus, und wenn Sie merken, das war nichts, versuchen Sie es eben mit etwas anderem – Möglichkeiten gibt es ja zuhauf. Und lassen Sie sich auf keinen Fall einreden, ein Vorhaben sei zu unsinnig oder gar zu skurril. Solange Sie Spaß daran haben und niemand anderen übermäßig damit nerven, gibt es keine Grenzen.

Was Sie jedoch niemals als Grund akzeptieren sollten, einen Plan nicht in Angriff zu nehmen, ist der Gedanke: »Dazu bin ich zu alt, das lohnt sich nicht mehr.« – Dazu eine Geschichte von unserem Freitagsstammtisch. Es ist Manfred, der sie erzählt, und sie handelt von seinem Onkel Albert.

»Der hat, solange ich denken kann, immer davon geredet, er wolle fliegen lernen. Alles, was auch nur im Entferntesten mit Flugzeugen und Luftfahrt zu tun hat, hat ihn ungemein interessiert. Und das liebste Ziel für Sonntagsausflüge war für ihn immer der Stuttgarter Flughafen. Da konnte er stundenlang auf der Besucherterrasse dem Treiben zusehen. Er kannte jeden Flugzeugtyp, und zu seiner Lieblingslektüre gehörten die Luftverkehrsordnung sowie Bücher über Navigation und Meteorologie. Ich kann mich jedenfalls an kein einziges Treffen erinnern, an dem er das Thema nicht in irgendeiner Form angeschnitten hätte. Meine Tochter Luisa hat ihn deshalb immer nur Onkel Lindbergh genannt. Aber während seiner Tätigkeit als Landarzt in einem kleinen Ort auf der Schwäbischen Alb ist er einfach nicht dazu gekommen, seinen Wunsch in die Tat umzusetzen. Schließlich hatte er praktisch rund um die Uhr und auch am Wochenende Bereitschaft. Und die wenigen Stunden, die er für sich und vor allem seine Familie erübrigen konnte und in denen er sich nicht auf dem Flughafen aufhielt, wollte er halt auch nicht mit Unterrichtsstunden und vor allem nicht mit Pauken für den Schein verbringen.«

»Deshalb hat der Onkel«, berichtet Manfred weiter, »beschlossen, die Sache bis nach seiner Pensionierung aufzuschieben. Doch nachdem er mit 68 seine Praxis an einen Nachfolger übergeben hatte, wollte seine Frau erst mal all das nachholen, auf das sie so lange hatte verzichten müssen, und das war in erster Linie: die Welt sehen. Also unternahmen die beiden mehrere ausgedehnte Reisen, darunter sogar eine neunmonatige Kreuzfahrt rund um den Globus. Um es kurz zu machen: Irgendwann war Albert 72, und noch immer hatte er keine einzige Flugstunde genommen. Und als ihm Verwandte, Freunde und Bekannte vorhielten, jetzt hätte er doch wirklich Zeit, ernsthaft mit der Fliegerei zu beginnen, winkte er ab und meinte, dazu sei er inzwischen zu alt, der Zug sei abgefahren. Mit dem Resultat, dass er niemals am Steuer eines Flugzeuges saß. Und wisst ihr, was der Gag an der Geschichte ist? Onkel Albert ist vor zwei Wochen 92 geworden. Von ein paar Wehwehchen abgesehen, ist er gesund und vor allem geistig total fit. Ich bin sicher, dass er selbst in diesem hohen Alter eine Flugtauglichkeitsuntersuchung problemlos überstehen würde. Das heißt, er hätte bis heute rund 20 Jahre seinen Traum leben und kreuz und quer durch Europa fliegen können. 20 Jahre! Das ist doch ...«

»Und selbst«, unterbricht ihn Wolfgang, »wenn er vorher krank geworden oder sogar die Ausbildung aus irgendeinem Grund hätte abbrechen müssen – wo wäre da das Problem gewesen? Dann hätte er doch zumindest bis zu diesem Zeitpunkt eine Menge Spaß gehabt.«

»Ganz abgesehen davon«, mische ich mich ein, »dass ihn das Pauken für den Flugschein mental fit gehalten hätte. Es ist ja hinlänglich belegt, dass geistige Herausforderungen speziell im Alter für das Gehirn so etwas wie ein Jungbrunnen sind und sogar vorbeugend gegen Demenz und Alzheimer wirken.«

Wolfgang nickt zustimmend, und Manfred ergänzt achselzuckend: »Ich bin sicher, Onkel Albert hat sich das alles inzwischen auch schon tausend Mal gesagt. Und wahrscheinlich stinkt es ihm mittlerweile fürchterlich, dass er so früh das Handtuch geworfen hat. Aber jetzt ist der Zug natürlich endgültig abgefahren. Keine Flugschule würde ihn in dem Alter noch als Schüler annehmen. Echt schade.« Er sieht uns einen nach dem anderen nachdenklich an. »Und zwar nicht nur für den guten Onkel, sondern für uns alle. Schließlich hatten wir uns auf gemeinsame Flüge mit ihm gefreut. Aber daraus ist ja leider nichts geworden.«

Geht es Ihnen auch so, dass Sie diese Geschichte traurig macht? Da verzichtet einer nur deshalb auf die Erfüllung seines Lebenstraums, weil er meint, er sei dafür zu alt. Also, ich bitte Sie! Wenn Politiker um die 80 noch 16-stündige Arbeitstage bewältigen, bei denen ein Termin auf den anderen folgt, wobei sie sich auf jeden einzelnen auch noch gründlich vorbereiten müssen, wenn sie hochbetagt komplexe Entscheidungen treffen müssen, von denen das Wohl und Wehe von Millionen Menschen abhängen, dann besteht – körperliche und geistige Fitness vorausgesetzt – ja wohl kein Grund, sich Dinge zu versagen, die man sich von ganzem Herzen gewünscht hat. Was hat man denn schon zu verlieren? Doch eigentlich gar nichts. Im Grunde müsste es doch genau umgekehrt sein. Statt sich, wenn man die 70 überschritten hat, ein Vorhaben deshalb zu verkneifen, weil man denkt, man sei dafür zu alt, müsste man doch eigentlich zu sich selbst sagen: »He du, die Lebenszeit, die dir noch bleibt, ist begrenzt. Deshalb mach voran! Worauf wartest du noch?«

Dabei scheint mir ganz gleichgültig, was im Einzelnen man sich für den Ruhestand vorgenommen hat. Und selbst, wenn man etwas angefangen hat und dann feststellt, das war's nicht – was soll's? Probiert man eben etwas anderes. Ein entfernter Bekannter tourt, seit er Rentner ist, von einem Flohmarkt zum anderen. Und wissen Sie, was er dort sucht? Eulen! Eulen in allen möglichen Ausführungen: Eulen aus Metall, Keramik, Holz, Stoff und Plastik. Große Eulen, kleine Eulen, Schleiereulen, Schneeeulen, Kauze, Uhus, Eulen im Sitzen, im Flug, beim Beutegreifen. Ja, sogar Eulen auf Ansichtskarten, Einkaufstaschen, Hausschuhen und T-Shirts. Es gibt keine Stelle in seiner Wohnung, an der man nicht von mindestens zehn Eulenaugen angestarrt wird. Und es werden immer mehr. Hätte Ella diesen Spleen, ich würde wahnsinnig werden. Seine bessere Hälfte hingegen lächelt allenfalls verkniffen, zuckt resignierend mit den Schultern und meint: »Man gewöhnt sich an alles.«

Geradezu ein Paradebeispiel für ein erfülltes Leben im Alter ist Ursula, die früher zusammen mit ihrem Mann ein zahntechnisches Labor geleitet hat, bei dem ich jahrelang Kunde war. Mittlerweile ist sie Ende 70 und Witwe, ihr Mann ist vor drei Jahren an Magenkrebs gestorben. Nachdem sie, wie sie mir erzählt hat, zuerst geglaubt hatte, in ein tiefes Loch zu stürzen und nie wieder glücklich zu werden, hat sie sich – auch das stammt wörtlich von ihr – »ein paarmal kräftig geschüttelt« und nach einem neuen Lebensinhalt Ausschau gehalten. Und sich ausgerechnet für so etwas Kompliziertes wie die Makrofotografie entschieden. Obwohl sie davon, wie generell von Kameras, Objektiven, Blenden und Belichtungszeiten nach eigenem Bekunden »null Ahnung« hatte. Anlass sei eine Ausstellung im Rathaus gewesen, bei der sie fasziniert vor Bildern von Schmetterlingen gestanden habe, bei denen man jede Facette im Auge, jede Flügelschuppe und jedes einzelne Härchen auf der Brust habe erkennen können. So zu fotografieren, hatte sie sich spontan vorgenommen, wollte sie auch lernen. Sie kaufte sich zwei Bücher über Makro- beziehungsweise Insektenfotografie, sah sich auf YouTube die vielen Videos zum Thema an, besorgte sich die erforderliche Fotoausrüstung und legte los.

Seither kann man sie, wenn man Frühaufsteher ist, von Frühling bis Herbst kurz nach Sonnenaufgang durch blumenbestandene Wiesen streifen sehen, immer auf der Suche nach lohnenden Motiven. Sie verbesserte ihre Technik immer weiter, sprach mit Experten, lernte aus ihren Fehlern und wurde schließlich nicht nur im Fotografieren eine wahre Meisterin, sondern zunehmend auch in der Kunst, die Fotos mit komplexen Bildbearbeitungsprogrammen zu optimieren. Inzwischen 78 geworden, schuf sie grandiose Bilder von Schmetterlingen, Fliegen, Wespen, Spinnen und anderem Kleingetier, die sich vor den Produkten professioneller Naturfotografen nicht zu verstecken brauchen. Einige ihrer Meisterwerke hat sie in ihrer Wohnung aufgehängt – jedes Bild ist etwa einen Quadratmeter groß. Ella und ich waren einmal eingeladen, sie uns anzusehen, und was soll ich sagen: Wir waren hin und weg! Vor einigen Monaten erschien über sie, die betagte Künstlerin, sogar ein Bericht in einem renommierten Fotomagazin. Da sage noch mal einer: »Ich bin zu alt, das lohnt sich nicht mehr.«

Ein anderer Bekannter macht seit seiner Pensionierung die Kinder in der näheren und weiteren Umgebung glücklich. Und bessert dabei sogar seine Altersbezüge auf. Genau gesagt, war er schon mehrere Jahre im Ruhestand, als ihn eines Tages die Eltern zweier Jungen aus der Nachbarstraße fragten, ob er für ihren Kleinen nicht vielleicht einmal ein Baumhaus bauen könne. Auf ihrem Grundstück stehe eine alte Eiche, die für so ein Ding ideal sei. Schließlich sei er doch Schreiner gewesen, da könne ein solches Projekt für ihn ja wohl kein großes Problem sein. Sie würden natürlich angemessen dafür bezahlen.

Was soll ich sagen – ein paar Wochen später war das Teil fertig. Eltern und Kinder waren begeistert, entlohnten den stolzen Erbauer – das Baumhaus war für ihn auch das erste seiner Art gewesen – und schickten ihn gleich ein paar Häuser weiter, wo der nächste derartige Auftrag auf ihn wartete. Mittlerweile kann man in unserem Stadtteil in jedem zweiten Garten, in dem es zumindest einen größeren Baum gibt, ein solches Gebilde bewundern. Und die hiesige Tageszeitung hat sogar schon eine Umfrage initiiert, welches davon das schönste sei. Alle sind glücklich und zufrieden: Die Kinder spielen mit Begeisterung in den hohen Hütten, die Eltern wissen, was ihre Sprösslinge treiben, und der Ex-Schreiner freut sich über die Anerkennung und das willkommene Zubrot.

Mir gefällt die Aktion ganz außerordentlich, da sie den willkommenen Nebeneffekt hat, dass nicht nur die Baumhauskinder, sondern auch ihre Eltern näher zusammengerückt sind. Im Laufe der Zeit ist da so etwas wie eine Baumhaus-Interessen-und-Schicksalsgemeinschaft entstanden. Man besucht sich, und speziell die Väter helfen sich gegenseitig, wenn es an den hölzernen Gebilden mal etwas auszubessern oder zu ergänzen gibt.

Es gibt aber auch Rentner, die im Alter eine richtige Schrulle entwickeln. Zum Beispiel Ulrich, der Vorturner des Gymnastikkreises für Ehepaare, unter dessen Leitung Ella und ich jeden Donnerstagabend eine Menge Schweiß vergießen. Er hat die – Entschuldigung! – bescheuerte Angewohnheit, wo immer es geht, ungerade Zahlen zu meiden. Er hat uns das selbst erzählt – mit einem resignierenden Grinsen, als sei seine Marotte, die er erst seit drei Jahren, mithin seit dem Ruhestand pflege, ein Schicksal, mit dem er sich bedauerlicherweise abfinden müsse, weil es dagegen nun mal kein Mittel gebe. Deshalb ist es auch kein Zufall, dass er im zweiten Stock wohnt – der erste oder dritte käme für ihn niemals in Betracht; von einer Klopapierrolle reißt er entweder, akkurat mitzählend, zwei, vier oder sechs Blätter ab, auf keinen Fall drei oder fünf; seine Lieblingsfernsehsender hat er allesamt auf geraden Programmplätzen abgespeichert, und Obst kauft er stets nach Anzahl – zwei, vier, sechs Stück –, niemals nach Gewicht – was ich mir, ehrlich gesagt, zwar bei Äpfeln oder Birnen, aber nur mit sehr viel Fantasie bei Erd- oder Johannisbeeren vorstellen kann. Aber vielleicht verzichtet er ja wegen seines Spleens auf Beeren aller Art; zuzutrauen wäre es ihm. Sein Autokennzeichen endet auf vier-vier-acht, und sogar seine Telefonnummer – keine Ahnung, wie er das hinbekommen hat – besteht ausschließlich aus geraden Ziffern. Zumindest die Festnetznummer. Weil seine diesbezüglichen Bemühungen bei seinem Mobiltelefon leider erfolglos geblieben seien, würde er – so hat er es uns erklärt – sein Handy zum Telefonieren nur im äußersten Notfall benutzen.

All diesen »Spinnern« ist gemeinsam, dass sie ihren Spleen erst so richtig ausleben, seit sie das Rentenalter erreicht haben. Warum? Keine Ahnung. Eine Rolle spielt sicher, dass es niemanden mehr gibt, der ihnen deswegen am Zeug flicken kann. Womöglich sind ihre Spleens auch eine Art Übersprunghandlung als Zeichen eines inneren Konflikts zwischen Das-Alter-Annehmen und Sich-unbewusst-dagegen-Sträuben. Wahrscheinlicher scheint mir jedoch, dass dabei der Gedanke eine entscheidende Rolle spielt, dass die Allgemeinheit uns Rentnern ein ungewöhnliches, um nicht zu sagen verrücktes Verhalten per se eher nachsieht als den Jüngeren. Denn je älter wir werden, desto mehr gelten wir – da wollen wir uns gar nichts vormachen – von vornherein als sonderlich, um nicht zu sagen, vermindert zurechnungsfähig.

Wenn daher wieder mal einer von den Jungen über meine Marotte grinst, alle fünf Minuten auf die Uhr zu blicken, obwohl ich es nicht die Spur eilig habe, oder darüber, dass ich immer und überall begeistert mit den Fingern knacke, dann sei's drum. Mich tangiert das nicht mal marginal. Schließlich mache ich mich ja auch über die Halbwüchsigen lustig, wenn sie Hosen tragen, bei denen der Schritt auf Kniekehlenhöhe hängt, oder sie noch nicht einmal in der Lage sind, 8 Prozent von 35 im Kopf auszurechnen. Und ganz besonders, wenn sie gedankenlos Wörter verwenden wie »einzigst«, »optimalst« oder »Super-GAU«, von denen sie doch eigentlich wissen müssten, dass es von denen keinen Superlativ gibt beziehungsweise dass ein »größter anzunehmender Unfall« nun mal nicht noch größer werden kann, und zwar auch dann nicht, wenn man ihn mit noch so imposanten Attributen wie »super« oder »mega« aufmotzt. Wobei – das gebe ich ehrlich zu – die Tatsache, dass ich mich über derlei sprachliche Ungenauigkeiten echauffiere, im Grunde ja auch schon wieder eine Altersmarotte ist. Zumindest behauptet Ella, über derlei Dinge hätte ich früher ebenso wenig ein Wort verloren wie über die vielen orthografischen und grammatischen Fehler in der Tageszeitung. Nun ja, wie dem auch sei, mir ist's egal. Mit derlei Kritik kann ich gut leben, darüber stehe ich souverän. Was ja auch eine Menge mit Freiheit zu tun hat.

Ich könnte jetzt noch eine ganze Reihe von Beispielen anführen, was Rentner und andere Ruheständler – sowie selbstverständlich auch Rentnerinnen und Ruheständlerinnen, aber auf das Thema »korrekte Geschlechtsbezeichnungen« komme ich noch eingehend zu sprechen – so alles auf die Beine gestellt haben. Und zwar zum Teil wirklich noch in hohem Alter. Aber über die zahlreichen Möglichkeiten, im Alter seine Zeit zu nutzen, gibt es – ich erwähnte es schon – eine ganze Menge Bücher, die ich nicht um ein weiteres bereichern möchte. Nur ein Beispiel vielleicht noch zum Schluss: Die Mutter einer Freundin meiner Tochter, inzwischen auch schon mindestens 70, hat sich erst vor Kurzem einen ganz speziellen Wunsch erfüllt. Sie hat sich auf die rechte Schulter einen Schmetterling tätowieren lassen. Das sei schon immer ihr Traum gewesen, hat sie dem Reporter der Tageszeitung gestanden, und schmunzelnd hinzugefügt: »Es ist ja nun mal so, dass die Haut mit dem Alter immer schlaffer wird. Und wenn man sich schon in der Jugend ein Tattoo machen lässt, dann verändert sich das eben zwangsläufig mit. Dann wird aus einer eleganten Libelle allmählich ein plumpes Krabbeltier, das Fühler und Flügel hängen lässt. Während bei einer erst später gestochenen Tätowierung der nicht mehr so straffe Untergrund von vornherein berücksichtigt werden kann.«

Und um noch einmal auf unser Treffen am Freitagabend zurückzukommen: »Wie heißt es so schön?«, schließt Wolfgang da dieses Thema ab und lächelt uns achselzuckend an. »Des Menschen Wille ist sein Himmelreich.«

»Nicht die Glücklichen sind dankbar.
Es sind die Dankbaren, die glücklich sind.«

Francis Bacon,
englischer Staatsmann und Philosoph, 1561–1626

Das kleine Wörtchen »Danke«

Und Wolfgang ist es wieder, der nach einer kurzen Pause, in der jeder von uns nachdenklich schweigend einen Schluck Bier genommen und sich mit dem Handrücken den Mund abgewischt hat, ein neues Thema anschneidet: »Meine Mutter wollte im Alter nie irgendeine Lizenz erwerben, sie hat keine Baumhäuser gebaut und wollte sich auch nicht tätowieren lassen. Ihr letzter Wunsch – als man schon sicher davon ausgehen konnte, dass sie das Krankenhaus, in dem sie fast ein halbes Jahr lag, nicht mehr lebend verlassen würde – war ein ganz anderer.«

Manfred und ich sehen ihn neugierig an: »Und der war?«

Wolfgang grinst. »Da kommt ihr nie drauf.«

»Jetzt sag schon«, fordert Manfred energisch.

»Nun«, erläutert Wolfgang, »sie wollte unbedingt noch jemandem Danke sagen.«

»Einem Arzt, einer Krankenschwester oder vielleicht jemandem aus der Familie, der sich besonders intensiv um sie gekümmert hat?«, frage ich.

»Ganz kalt«, lächelt Wolfgang. »Es war ein Mädchen aus ihrer Schulzeit. Dazu müsst ihr wissen, dass meine Mutter – sie hieß

Lisbeth – in einem winzigen Nest in Mecklenburg aufgewachsen ist. So um die 400 Einwohner, eher weniger. Da gab es eine ebenso winzige Grundschule – alle Klassen in einem einzigen Raum, ihr wisst schon. Die nächste höhere Schule war in der Kreisstadt, rund 25 Kilometer entfernt, und dahin gab es nur eine sehr schlechte Busverbindung. Als Lisbeth die Schule wechselte, wurde sie daher bei Verwandten ihres Vaters untergebracht, genauer gesagt, bei zwei alten Jungfern, die allgemein ›Tantens‹ – man beachte das Plural-s – genannt wurden. Und diese Tantens waren für meine Mutter, damals ein junges, unternehmenslustiges Mädchen, um mit ihren eigenen Worten zu sprechen ›die Hölle‹. Außer Hausaufgaben machen, ›wertvolle‹ Bücher lesen und Radio hören – Fernsehen gab es damals ja noch nicht – erlaubten ihr die alten Schachteln so gut wie gar nichts. Nicht mal, hin und wieder ins Kino zu gehen oder an einer vergnüglichen Veranstaltung mit jungen Leuten teilzunehmen. Also an so etwas, was wir heute Party nennen würden.«

Wolfgang blickt uns ernst an, räuspert sich ausgiebig und erzählt weiter. Davon, dass sich Lisbeths tristes Leben bei Tantens erst änderte, als eine neue Schülerin in ihre Klasse kam. Die hieß Leentje, war Holländerin und mit ihren Eltern in die Kreisstadt gezogen. Und weil sie erstens nur mäßig Deutsch sprach und zweitens wohl ziemlich pummelig und auch sonst alles andere als attraktiv war, wurde sie von Anfang an zum Ziel von allerlei Spott und Hänseleien. Heute würde man wohl von ›Mobbing‹ sprechen. Die Einzige, die zu ihr nett und verständnisvoll war, war Lisbeth. Und so freundeten sich die beiden Mädchen an und wurden mit der Zeit ein unzertrennliches Paar. Wo die eine war, war die andere nicht weit, und wenn eine nachsitzen musste, erging es der anderen auch nicht besser. Ein paar Wochen später kam Leentje zum Hausaufgaben-Machen nachmittags in das Haus der Tantens, und nachdem die zu der jungen Holländerin Vertrauen gefasst hatten, durfte Lisbeth umgekehrt auch Leentje zu Hause besuchen. Ja, irgendwann erlaubten Tantens ihr sogar, dort zu übernachten. Was Lisbeth ausgesprochen gern tat, denn Leentjes Eltern waren zu ihren Kindern – Leentje hatte noch zwei Brüder und zwei Schwestern – sehr viel großzügiger als die beiden Tantens zu Lisbeth. Sie hatten nichts dagegen, dass die beiden Mädchen abends noch in der Stadt bummeln, ins Kino oder von irgendwelchen anderen Vergnügungen erst gegen Mitternacht nach Hause kamen.

»Um es kurz zu machen«, fährt Wolfgang mit seinem Bericht fort. »Meine Mutter hat immer wieder betont, dass sie es nur dank Leentje in der Stadt und speziell bei Tantens ausgehalten hat. Dann war irgendwann Schluss mit Schule, und kurz darauf zog die gesamte holländische Familie wegen einer beruflichen Veränderung des Vaters zurück nach Rotterdam. Danach gingen zwischen den Mädchen noch ein paar Briefe hin und her – E-Mail und WhatsApp gab's ja noch nicht –, und das war's dann.«

Eine Weile sitzen wir stumm und in Gedanken versunken da. Dann meint Manfred: »Lass mich raten. Bei dieser Leentje wollte sich deine Mutter noch kurz vor ihrem Tod bedanken, stimmt's?«

Wolfgang nickt nachdenklich. »Genau. Was sich alles andere als einfach erwies, weil wir, das heißt, meine Kinder und ich, die Holländer erst mal ausfindig machen mussten. Immerhin kannten wir ihren Nachnamen, Hoekstra – ich hoffe, ich spreche ihn richtig aus –, und wussten, dass sie nach Rotterdam gezogen waren. Nun ja, schließlich fanden wir sie – das Internet sei gepriesen. Und als ich der guten Leentje, mittlerweile natürlich eine alte Frau, den Dank und die Grüße meiner Mutter überbringen wollte, erfuhr ich, dass sie in einem Heim für Demenzkranke lebte. Es hätte gar keinen Sinn, erzählte mir ihr Sohn, sie dort zu besuchen, da sie mich eh nicht erkennen und sich mit Sicherheit auch nicht an Lisbeth erinnern würde. Trotzdem freute er sich sehr darüber, dass meine Mutter seiner Mutter ihren herzlichen Dank übermitteln ließ und wünschte Lisbeth im Namen von Leentje alles Gute.«

»Und was hat deine Mutter dazu gesagt?«, frage ich gespannt.

Über Wolfgangs Gesicht gleitet ein sanftes Lächeln. »Wir haben ein bisschen geschwindelt und ihr nichts von Leentjes Zustand erzählt. Vielmehr haben wir behauptet, sie hätte sich schrecklich über die Grüße und den Dank gefreut und lasse herzlich zurückgrüßen. Und wisst ihr was?«

Manfred und ich schütteln wortlos den Kopf.

»Drei Tage später ist meine Mutter gestorben. Gerade so, als wäre mit der Leentje-Geschichte alles erledigt gewesen, was für sie auf dieser Welt noch zu tun war. Als gäbe es danach nichts mehr, für das es sich noch zu leben lohnte.«

»Eine ergreifende Geschichte«, sage ich nachdenklich. »Und zugleich eine, die mich auf eine Idee bringt.«

Wolfgang nickt lächelnd. »Ich kann mir schon vorstellen, worauf du hinauswillst.«

»Nämlich?«

»Dass wir wieder eine Vereinbarung treffen könnten. Jeder von uns soll sich Gedanken machen, wem in seiner Vergangenheit er zu besonderem Dank verpflichtet ist, stimmt's?«

»Genau«, bestätige ich. »Menschen wie Leentje, die für deine Mutter eine ganz spezielle Bedeutung hatte, gibt es doch in unserer Vergangenheit ganz sicher auch. Wie wär's, wenn jeder von uns eine solche Person kontaktiert und ihr herzlich dankt?«

»Das machen wir«, ruft Wolfgang begeistert. »Jetzt, wo wir Rentner sind und für so was jede Menge Zeit haben und noch dazu locker verkraften könnten, uns gegebenenfalls einen Korb zu holen, ist das doch eine spannende Aufgabe.«

»Mit der wir«, ergänzt Manfred, »der fraglichen Person vielleicht ja sogar eine große Freude machen. Und nächste Woche erzählen wir uns dann, wie es uns mit unseren Bemühungen ergangen ist.«

»Darauf trinken wir«, sage ich und hebe mein Glas. »Und wisst ihr was? Mir ist jetzt schon klar, wer für mich besagter Mensch ist. Aber mehr verrate ich jetzt noch nicht.«

Nachdem wir ausgetrunken und uns verabschiedet haben, mache ich mir auf dem Heimweg Gedanken, wie ich am besten vorgehen soll. Denn von meiner »Zielperson« kenne ich nicht mehr als den Nachnamen, aber der ist so außergewöhnlich, dass es nicht allzu viele Menschen geben dürfte, die so heißen. Der Mann, von dem ich schon öfter gedacht habe, dass er wie kein Zweiter meinen Dank verdient hat, trägt nämlich den kuriosen Namen Sauerlapp, genauer gesagt: Alfons Sauerlapp. Er war auf dem Gymnasium mein Musiklehrer, jedenfalls in den letzten Jahren. Und ihm verdanke ich wie keinem anderen meine Liebe zur klassischen Musik. Die Werke, die er uns vorgestellt und mit uns besprochen hat – allen voran Beethovens Fünftes Klavierkonzert und Mozarts Jupiter-Sinfonie –, gehören bis heute zu meinen Lieblingsstücken, die ich mit wachsender Begeisterung von früh bis spät hören könnte. Und nicht nur hören, sondern auch von Anfang bis Ende mitsummen. Insofern ist der gute Sauerlapp auch maßgeblich dafür mitverantwortlich, dass ich mich mit Wolfgang so gut verstehe. Denn nicht zuletzt die klassische Musik ist es, die uns beide verbindet. Wobei Wolfgang mir in puncto Werkkenntnis und -verständnis und vor allem mit seinem profunden Musiktheorie-Wissen, das gebe ich ehrlich zu, weit überlegen ist. Wenn er von Subdominanten, Quintsextakkorden und diatonischer Modulation schwärmt, klingt das für mich wie Rätoromanisch, und ich schüttle dann immer verständnislos den Kopf. Ich bin überzeugt, dass auch er jederzeit als begeisternder Musiklehrer auf einem Gymnasium tätig werden könnte.

Ich bin in Nürnberg aufs Gymnasium gegangen, da wird der gute Sauerlapp vermutlich irgendwo in der Stadt gewohnt haben. »Haben« deshalb, weil er damals mindestens 30 Jahre älter war als meine Mitschüler und ich, und deshalb heute über 100 sein müsste, wenn er denn noch am Leben wäre. Doch mir würde auch schon reichen, meinen Dank posthum seinen Nachkommen auszusprechen. Das ist allemal besser als nichts. So anspruchsvoll ist mein Gewissen nicht, dass es sich damit nicht begnügen würde.

Doch dann eine Enttäuschung: Die Telefon-App auf meinem Smartphone meldet bei Eingabe von »Sauerlapp« in Nürnberg keinen Treffer. Sauerbrey, Sauerwein, ja sogar Sauermilch wären kein Problem, aber Sauerlapp erweist sich als Niete. Nun, das mit Nürnberg war ja auch nur eine Vermutung. Ich weiß nicht genau, ob mein ehemaliger Musiklehrer, solange er noch berufstätig war, in der Stadt oder vielleicht irgendwo in der Umgebung gewohnt hat. Also rufe ich im Sekretariat meines ehemaligen Gymnasiums an. Dort erfahre ich, Herr Sauerlapp sei schon lange nicht mehr Mitglied des Lehrerkollegiums und obendrein längst verstorben – vor etwa 20 Jahren, um genauer zu sein. Über den Wohnort seiner Nachkommen könne man mir leider keine Auskunft geben. Was nun?

Nach längerem vergeblichem Grübeln komme ich auf die Idee, ein paar ehemalige Klassenkameraden zu kontaktieren. Und das erweist sich als Volltreffer. Schon der zweite, den ich anrufe – Jochen, unser ehemaliges Mathe-Ass –, kann mir weiterhelfen. Er hat nämlich irgendwann mal gehört, dass der alte Sauerlapp viele Jahre lang als Organist in der Jakobskirche tätig war, was mir, der ich es mit der Kirche nicht so habe, natürlich verborgen geblieben ist. Als ich dann den zuständigen Pfarrer in der Leitung habe, bestätigt er mir, dass Sauerlapp – er hat tatsächlich jahrzehntelang bei den Gottesdiensten Orgel gespielt – schon vor einer ganzen Weile das Zeitliche gesegnet hat, da war noch der Vorgänger-Pfarrer im Amt. Aber – und jetzt kommt's –, anschließend ist Sauerlapps Sohn in seine Fußstapfen getreten und jetzt auch schon wieder viele Jahre lang als Organist tätig. Und die Telefonnummer des Sohnes, Günther mit Namen, kann er mir geben.

Am folgenden Tag, einem Mittwoch und damit zwei Tage vor dem nächsten Treffen im Magazin, sitze ich nach einer 150-Kilometer-Autofahrt besagtem Günther gegenüber. Er sieht seinem Vater, so wie ich ihn in Erinnerung habe, auffallend ähnlich und ist ebenfalls als Musiklehrer tätig, wenn auch an einem anderen Gymnasium. Als ich ihm sage, welch tiefe Ehrfurcht ich für seinen Vater empfinde, wie sehr er mein Leben durch die Liebe zur Musik bereichert hat, und dass es schon seit Langem mein Wunsch war, ihm zu danken, lächelt er mild und fragt: »Und warum haben Sie das nicht schon zu seinen Lebzeiten getan? Er hätte sich mit Sicherheit sehr gefreut.«

Wumms! Da hat er mitten in die Wunde getroffen! Denn genau das wollte ich in der Vergangenheit ja auch immer tun. Oft sogar, aber unternommen habe ich nichts. Dabei hätte mir klar sein müssen, dass der alte Sauerlapp nicht das ewige Leben hat. Jetzt muss ich mich mit der Tatsache begnügen, etwas nicht so zu Ende gebracht zu haben, wie es möglich gewesen wäre. Die Weitergabe meines Danks an den Sohn ist zwar besser als nichts, aber so richtig zufrieden macht es mich auch nicht.

Auf der Fahrt zurück nach Hause nehme ich mir fest vor, in den Jahren, die mir noch bleiben, nichts mehr aufzuschieben, was ich gleich erledigen kann. Wobei ich natürlich unterscheiden muss, wer aus dem Sofort-Tun Nutzen zieht: ich selbst oder ein anderer. Wenn ich zum Beispiel vor einem Bauwerk stehe, das ich schon seit Langem einmal sehen wollte – bei mir stand da viele Jahre das Castel del Monte in Apulien ganz oben auf der Liste –, verschafft mir das ein tiefes Gefühl der Zufriedenheit. Aber eben nur mir. Was umgekehrt bedeutet, dass, wenn ich es nicht sehe, auch nur ich selbst enttäuscht bin. Wenn es aber, wie im Fall meines Ex-Musiklehrers, um einen anderen Menschen geht, dem ich aus lauter Träg- und Faulheit etwas vorenthalte, mit dem ich ihm sicher eine Freude mache, nagt das viel stärker an mir, und ich komme mir richtig mies vor. Das ist mir bei der Sache mit Sauerlapp mehr als bewusst geworden.

Deshalb kann ich nur jedem, den es innerlich drängt, einem anderen Lob, Dank, Anerkennung oder wer weiß was sonst noch auszusprechen, raten, damit nicht zu lange zu warten. Die Freude, die man damit bei dem Geehrten auslöst, sollte Grund genug sein, endlich zu handeln; dazu zählt noch das wunderbar warme Gefühl, das man damit in sich selbst erzeugt.

»Stimmt schon«, bestätigt Wolfgang, als ich am nächsten Freitag mit meinem Bericht geendet habe. »Was du heute kannst besorgen ..., ihr wisst schon. Doch im Gegensatz zu dir habe ich es tatsächlich geschafft, der Frau, die mir so unendlich viel gegeben hat, noch zu Lebzeiten Danke zu sagen. Gerade noch rechtzeitig, muss ich aus heutiger Sicht bekennen, denn das war vor gerade mal zwei Jahren in einem Krankenhaus, in dem sie dann kurz darauf gestorben ist. Wobei ...« – er sieht Manfred und mich der Reihe nach ernst an – »ich mir natürlich bewusst bin, dass das Ganze ein bisschen an unserer Vereinbarung vorbeigeht. Denn wir hatten ja bei unserem letzten Treffen verabredet, einer Person zu danken, bei der wir das bislang noch nicht getan hatten. Aber ein wichtigeres Danke als das, von dem ich euch gleich erzähle, gibt es für mich nicht und wird es in meinem Leben auch mit Sicherheit nicht mehr geben.«

Und dann erzählt Wolfgang uns eine aufregende Geschichte, die er mir gegenüber bislang allenfalls mal ansatzweise erwähnt, im Wesentlichen aber immer für sich behalten hat. Dabei habe ich immer gedacht, wir beide hätten voreinander keine Geheimnisse. Na ja, das stimmt so wohl nicht ganz. Denn schließlich habe ich mich diesbezüglich in Wolfgang ja schon mehrfach getäuscht – man denke nur an den neidischen Lehrerkollegen und den Zwist um die Abteilungsleiterstelle.

Also, das mit Wolfgang war so: Seine zweitälteste Tochter Elke – außer ihr hat er noch eine ältere Tochter und einen jüngeren Sohn – hatte, als sie etwa 17 war, einen jungen Mann, Lukas, kennengelernt und sich mit Haut und Haar in ihn verliebt. Das war, wie Wolfgang beteuert, auch ein wirklich netter Kerl, freundlich, aufrichtig und zuverlässig. Aber leider nur, bis er sich seinerseits mit einem zwielichtigen Burschen anfreundete, der eine fatale Vorliebe für Drogen hatte, mit der er Lukas und schließlich auch Elke ansteckte. Woraufhin es mit den beiden – zuerst noch langsam, dann aber immer schneller – abwärts ging. Sie gerieten in fragwürdige Kreise, Elke schmiss die Schule hin und zog mit ihrem Freund in eine Wohngemeinschaft von Kleinkriminellen und anderen Junkies. Sie brach den Kontakt zu ihren Eltern und schließlich auch zu ihren Geschwistern ab, und am Ende wusste niemand, wo sie sich aufhielt und wie es ihr ging, ja, ob sie überhaupt noch lebte.

»Es war die Hölle«, stöhnt Wolfgang, als er mit stockender Stimme weitererzählt. »Am Ende war ich überzeugt, ich hätte meine Tochter, die ich doch genau wie meine anderen beiden Kinder innig liebte, endgültig verloren. Unser Familienleben war eine Katastrophe, Elvira war die ganze Zeit nur noch am Heulen, und all unsere Bemühungen, Elke wiederzufinden, blieben erfolglos. Bis mich eines Tages eine mir völlig fremde Frau anrief. Sie sagte, sie heiße Luise und sei die Mutter von Lukas, der leider an Elkes Schicksal schuld sei und sie ins Verderben gestürzt hätte. Und berichtete dann, dass Lukas die Woche vorher an einer Überdosis Kokain gestorben sei.«

Wolfgang nimmt einen Schluck Bier und schweigt eine ganze Weile. Ich spüre regelrecht, wie sehr ihn die Erinnerung quält und wie schwer es ihm fällt, uns davon zu erzählen. Aber vielleicht, geht es mir durch den Kopf, tut es ihm am Ende ja sogar gut, sich den ganzen Ballast mal von der Seele zu reden.

»Und wisst ihr, wer es war, der Luise die schreckliche Nachricht von Lukas' Tod überbracht hat? Meine Tochter Elke. Die hat Luise dann in ihrem Schmerz bei sich aufgenommen. Sie war nämlich schon seit Langem Witwe und hatte außer ihrem Sohn keinen Verwandten mehr, der ihr nahestand. Und bei ihr geschah dann etwas Wunderbares: Die tiefe Liebe zu Lukas, die Luise kurzerhand auf Elke übertrug, half dieser, von dem Stoff loszukommen und wieder völlig clean zu werden. Elke hat ein paar Jahre später einen Landschaftsgärtner geheiratet und mittlerweile zwei Kinder bekommen. Heute lebt sie mit ihrer Familie – glücklich, soweit ich das beurteilen kann – in der Nähe von Hannover, wir sehen uns regelmäßig, und alles ist wieder eitel Sonnenschein.«

»Die Story könnte man glatt verfilmen«, lässt sich jetzt Manfred vernehmen, der die ganze Zeit schweigend zugehört hat.

Wolfgang nickt zustimmend. »Genau. Ich habe Luise unendlich viel zu verdanken. Sie hat mir meine Tochter zurückgegeben und damit nicht nur mich von schrecklichem Leid befreit, sondern im Endeffekt auch meine Familie gerettet. Sehr traurig ist nur, dass sie so früh von uns gegangen ist.«

Dann ist Manfred an der Reihe. Und seine Geschichte ist ebenso traurig wie die von Wolfgang. Denn Manfred ist – das wusste ich bislang erstaunlicherweise auch nicht – Vollwaise. Seine Eltern sind, als er noch ein Kleinkind war, bei einem Autounfall ums Leben gekommen. Nachdem er anschließend ein paar Wochen in einem Kinderheim verbringen musste, ist er von Pflegeeltern aufgenommen worden, genauer gesagt, von einem niedergelassenen HNO-Arzt und seiner Frau, die vor ihm schon zwei Mädchen adoptiert hatten. Er war damals zweieinhalb Jahre alt und hat, wie er sagt, seinen wahren Vater und seine wahre Mutter längst vergessen. Gäbe es von den beiden nicht ein paar Bilder, die ihm seine neuen Eltern, wie er zufrieden berichtet, nie vorenthalten hätten, wüsste er gar nicht mehr, wie sie ausgesehen haben.

Um es kurz zu machen: Manfred wuchs in der Familie gemeinsam mit seinen älteren Schwestern wohlbehütet auf. Von Anfang an nannte er seinen Pflegevater Papa und seine Pflegemutter Mama. Wie alle anderen Kinder auch ging er zur Schule und machte schließlich Abitur, um danach – wen wundert's? – Medizin zu studieren. Im Gegensatz zu seinem Vater blieb er aber seiner Ausbildungsklinik treu und arbeitete dort bis zu seiner Pensionierung als Oberarzt in der Urologie. Mehrfach hätte er die Chance gehabt, an einem anderen Krankenhaus Chefarzt zu werden, aber das hätte jedes Mal bedeutet, ein paar 100 Kilometer wegzuziehen. Und dazu hatten weder er noch seine Frau, eine Physiotherapeutin, die in derselben Klinik arbeitete, Lust. Ihre Töchter dagegen, die eine mittlerweile Gynäkologin und die andere Radiologin in jeweils großen Gemeinschaftspraxen, leben heute beide mit ihren Familien circa 200 beziehungsweise 400 Kilometer entfernt.

»Womit ja wohl klar ist, wem mein ganzer Dank gilt: meinen Pflegeeltern. Im Gegensatz zu euch habe ich ihn den beiden gegenüber bestimmt schon tausend Mal ausgesprochen, und es gibt in meinem Leben schlicht niemanden sonst, dem ich auch nur annähernd so sehr Dank schulde.«

Eine Weile herrscht Schweigen, jeder von uns Dreien hängt seinen Gedanken nach. Dann meint Wolfgang, nun ja, das sei ja alles schön und gut, aber bei unserer Vereinbarung sei es doch eigentlich darum gegangen, nicht den Eltern oder sonstigen nahen Angehörigen zu danken, sondern jemandem, an den man bei der Aufgabe nicht sofort denken würde. Aber vielleicht sollten wir nicht päpstlicher sein als der Papst. Letztendlich sei es doch darum gegangen, sich einmal Gedanken zu machen, wer einem im bisherigen Leben besonders viel bedeutet hat, ohne – dabei blickt er Manfred ein paar Sekunden wortlos an – dass wir ihm dafür bisher angemessen gedankt hätten. »Insofern« – sein Blick wechselt zu mir – »hast du die Aufgabe, denke ich, am besten gelöst.«

Doch den leisen Vorwurf will Manfred nicht auf sich sitzen lassen. »Mit diesem Einwand habe ich natürlich gerechnet«, verkündet er breit lächelnd. »Aber ich wollte, wenn unser Thema schon Dankbarkeit ist, auf keinen Fall meine Eltern, die ja genau genommen gar nicht meine Eltern sind, außen vor lassen. Das hätte ich als extrem unfair und rücksichtslos empfunden. Nebenbei habe ich mir aber natürlich Gedanken gemacht, wem ich sonst noch zu tiefem Dank verpflichtet bin, ohne ihm das vielleicht jemals so deutlich gesagt zu haben.«

»Und? Bist du fündig geworden?«, frage ich gespannt.

»Und ob. Zwischen deinem Musiklehrer und meiner Person bestehen durchaus Gemeinsamkeiten. Er war für mich nämlich auch eine Art Lehrer – wenn er im Hauptberuf auch als Förster arbeitete. Ich will euch nicht lange auf die Folter spannen. Der Mann heißt Wilfried Holz – Nomen ist Omen – und lebt tatsächlich noch, ja, mit seinen mittlerweile 92 Jahren ist er sogar noch erstaunlich fit. Jedenfalls hat er sich über meinen Besuch und mein tief empfundenes Dankeschön sehr gefreut.«

»Ein Förster?«, fragt Wolfgang stirnrunzelnd dazwischen. »Was hast du denn mit einem Förster zu schaffen? Oder besitzt du vielleicht irgendwo ein Stück Wald? Oder bist am Ende auch …?«

Manfred lässt ihn nicht ausreden. »Der Mann kennt sich nicht nur mit Wald und Wild bestens aus, sondern ganz besonders gut mit dem Sternenhimmel. Das ist sein ganz großes Hobby. Er besitzt ein imposantes Fernrohr, und das Höchste für ihn ist, damit nachts den Himmel zu betrachten und nach irgendwelchen Objekten zu suchen, von denen unsereiner keine Ahnung hat. Ich habe ihn über meinen Onkel, einen Holzhändler, kennengelernt, und irgendwie hat es sich ergeben, dass Wilfried und ich eines dunklen, mondlosen Abends im August zusammen auf einer Waldlichtung saßen und das funkelnde Himmelszelt betrachtet haben. Das war einfach genial. Und dann fing Wilfried an, mir die einzelnen Sternbilder mit ihren wichtigsten Sternen zu erklären. Er kannte sie alle – Adler, Bärenhüter, Schwan, Leier, Schütze, Skorpion, Schlangenträger und wie sie alle heißen – und hatte keinerlei Mühe, sie am Nachthimmel ausfindig zu machen und ihre Hauptsterne zu benennen. Er zeigte mir die Planeten, erläuterte mir ihre Bahnen, und erklärte mir, was es mit Roten Riesen, Weißen Zwergen, Schwarzen Löchern und Pulsaren auf sich hat. Wobei das nur einige Beispiele sind, die mir gerade spontan einfallen. Ich war total fasziniert, und das hat sich bis heute nicht geändert. Mittlerweile besitze ich selbst ein Fernrohr, wenn auch bei Weitem kein so großartiges wie das von Wilfried, und kenne mich nicht nur mit den Sternen, sondern ganz allgemein mit Astronomie und Astrophysik, denke ich, recht gut aus. Das verdanke ich meinem Försterfreund, und es war toll, ihm das am letzten Dienstag von Angesicht zu Angesicht zu sagen.«

Nach einer längeren Pause, in der wir gedankenverloren schweigen, mache ich einen Vorschlag: »Wie wär's, Manfred, wenn du mit Wolfgang und mir hin und wieder mal dein Wissen teilen und uns zumindest grob in die Geheimnisse der Sterne und ihrer Bilder einweisen würdest?«

»O ja, das wäre toll«, stimmt Wolfgang mir zu, und Manfred nickt beglückt. Dann begießen wir unser Vorhaben, wie üblich – jeder mit einem kräftigen Schluck Bier.

»Gerne der Zeiten gedenk' ich, da alle Glieder gelenkig – bis auf eins. Doch die Zeiten sind vorüber, steif geworden alle Glieder – bis auf eins.«

Johann Wolfgang von Goethe, deutscher Dichter, 1749–1832

Was heißt schon gesund?

Bertha Pflaum ist eine lange, schlanke – naja, seien wir ehrlich, spindeldürre – Frau, die wir seit Ewigkeiten als Mutter einer gewissen Katja kennen, welche wiederum viele Jahre lang Klassenkameradin und gute Freundin unserer Tochter war. Sie dürfte etwa im selben Alter sein wie Ella und ich und wäre im Grunde eine durchaus sympathische und liebenswerte ältere Dame, wenn sie nicht die nervige Angewohnheit hätte, allem, was sie sagt, abgedroschene Floskeln über ihre nachlassende Gesundheit anzuhängen. Am häufigsten ist das »Ach ja, man wird halt nicht jünger«. Sie verfügt über ein beachtliches Repertoire weiterer derartiger Sprüche, die sie je nach konkretem Anlass einsetzt und gerne mit einem markigen Ächzen und Stöhnen würzt. Ein paar Beispiele gefällig?

Bertha zählt mal wieder ihre gesammelten Beschwerden auf. »Ja, der Lack ist ab.«

Bertha kommt beim gemeinsamen Spaziergang nicht mehr mit. »Die Beine sind auch nicht mehr das, was sie mal waren.«

Bertha wuchtet sich mühsam aus einem niedrigen Sofa hoch. »Oje, es knirscht im Gebälk.«

Bertha hat vergessen, was sie sagen wollte. »Alzheimer lässt grüßen.«

Ich frage Sie: Was soll das? Hat Bertha noch immer nicht begriffen, dass es mit ihrer Fitness und körperlichen Belastbarkeit schon lange nicht mehr zum Besten steht? Und dass das im Grunde ganz normal ist? Wissenschaftler teilen das Leben grob in drei Phasen ein, wobei die Altersgrenzen zwischen den einzelnen Abschnitten natürlich schwanken. Ganz allgemein lässt sich feststellen, dass die körperliche und geistige Gesundheit bei uns Menschen bis etwa zum Alter von 25 immer mehr ansteigt, dann folgt ein Stillstand bis etwa 40 – wobei die Leistungsfähigkeit und Belastbarkeit in dieser Phase bei vielen schon deutlich abnimmt –, und von da an geht es, so bedauerlich das sein mag, körperlich und geistig stetig bergab. Zwar je nach Erbanlagen und Lebensführung in unterschiedlichem Tempo, aber letztlich doch unaufhaltsam. Schließlich endet das Ganze irgendwann unweigerlich mit dem Tod, der uns kaum beim Stabhochsprung oder Marathonlauf, sondern eher krank im Bett ereilt.

Die Kindheit bereitet uns auf das Leben vor, das Alter auf den Tod. Weil das ebenso einfach wie unabänderlich ist, bringt es überhaupt nichts, sich darüber aufzuregen oder ständig zu lamentieren. Im Gegenteil, je mehr wir uns von früh bis spät selbst beobachten, je ängstlicher wir in uns hineinhorchen und nach Anzeichen des körperlichen Verfalls fahnden, desto eher werden wir fündig. Dass wir mit den Jahren nicht fitter werden, müssen wir genauso akzeptieren wie die Zunahme der Falten in unserem Gesicht. Ich möchte in Zukunft jedenfalls nicht zu den Alten gehören, die infolge maßloser Selbstüberschätzung die Autobahn in Gegenrichtung befahren, Bremse und Gaspedal verwechseln oder mittels Hubschrauber von einem Berg geholt werden müssen, den sie nur unter äußerster Kraftaufbietung und mit fremder Hilfe hochgekommen sind.

Und weil mit fortschreitendem Alter ein gewisses Maß an körperlichen Beschwerden mehr oder minder normal ist, sollten gesundheitliche Probleme als Sorgenauslöser zwangsläufig immer mehr an Bedeutung verlieren. Wie heißt es so schön: »Wenn man über 50 ist und es tut einem beim morgendlichen Aufwachen nichts weh, dann ist man tot.« Wie viel mehr gilt das für Menschen jenseits der 70! Mich zum Beispiel schmerzt jeden Morgen nach dem Aufstehen heftig die untere Rückenpartie. Da ich jedoch weiß, dass das Übel im Lauf des Tages nachlassen wird, nehme ich es eben notgedrungen in Kauf, zumal mir der Orthopäde erklärt hat, schuld daran seien Abnutzungserscheinungen der kleinen Zwischenwirbel- oder Facettengelenke. Und zwar altersbedingte. Ich will damit nicht sagen, dass körperliche Leiden niemals Anlass sein können, sich zu ängstigen, aber mit jedem Jahr, das man älter wird, gehören sie, zumindest in einem gewissen Ausmaß, schlicht zum Leben dazu. Was ja umgekehrt auch bedeutet, dass wir uns nicht mehr so viele Jahre mit ihnen rumschlagen müssen. – Sie erinnern sich an die alte Dame im Rollstuhl.

Ein Bekannter, mit dem ich mich, wenn ich ihn wieder mal beim Einkaufen – bezeichnenderweise meist in der Apotheke – treffe, immer gerne ein paar Minuten unterhalte, hat zu dem Thema »Krankheit im Alter« vor Kurzem einen interessanten Aspekt ins Spiel gebracht, der zumindest für Ehepaare gilt. »Eigentlich ist es doch von der Natur klug eingerichtet«, hat er mir erklärt und dabei mild gelächelt, »dass man vor allem im Alter krank und gebrechlich wird. Bei mir ist es zum Beispiel meine Frau, die gesundheitlich nicht mehr auf der Höhe ist. Ihre Kniegelenke machen ihr schwer zu schaffen, sie kann nur noch kurze Strecken gehen. Und auch die nur mit ziemlichen Schmerzen. Ein Gelenkersatz ist aus diversen Gründen nicht möglich, und deshalb ist sie mehr oder weniger ans Haus gebunden. Da ist es doch geradezu ein Segen, dass ich nicht mehr berufstätig bin und mich rund um die Uhr um sie kümmern kann. Hätte sie ihre Probleme schon gehabt, solange ich noch jeden Morgen zur Arbeit gegangen bin, hätten wir unbedingt eine Pflegekraft gebraucht, die sich um sie kümmert. Und ob die das, abgesehen von den Kosten, so

gerne und gut gemacht hätte wie ich – ohne mich jetzt übermäßig loben zu wollen –, scheint mir doch sehr zweifelhaft. Was allein schon daran liegt, dass ich meine Frau halt viel besser kenne
als sonst wer.«

So habe ich das, ehrlich gesagt, noch nie gesehen. Aber seine
Sichtweise der Dinge hat zumindest einen großen Vorteil: Mit ihr
gewinnen er und seine Frau ihrem Altersleiden sogar noch eine
positive Seite ab.

Irgendwo habe ich mal folgenden Spruch gelesen: »Die drei großen Freuden des Alters sind: in Erinnerungen schwelgen, über
die Jungen schimpfen und von Krankheiten reden.« Wobei das
Schwelgen in Erinnerungen, je nachdem, was uns da so in den
Sinn kommt, ja durchaus vergnüglich sein kann. Und über die
Jungen schimpfen tun wir doch alle immer wieder mal gern. Solange das kein bösartiges, verletzendes Schimpfen ist, ist dagegen
auch gar nichts einzuwenden, schließlich meckern die Jungen ja
auch über uns. Das hat schon immer dazugehört, und daran wird
sich auch in Zukunft nichts ändern. Wenn ich nur daran denke,
wie oft ich früher speziell meinen Vater zum Teufel gewünscht
habe, weil er wieder mal total anderer Ansicht war als ich! Aber
der Streit war jedes Mal schnell wieder beigelegt, und im Grunde
haben wir zwei uns prächtig vertragen.

Anders sieht die Sache bei dem »Über-Krankheiten-Reden«
aus. Das hat mich an alten Leuten gestört, seit ich denken kann,
und es stört mich heute mehr denn je. Klar, ich spreche auch mal
davon, wo und was mir gerade wehtut. Aber damit muss dann
auch wieder Schluss sein. Besonders schlimm wird die Angelegenheit, wenn in einer Gesprächsrunde jemand ist, der – nicht
ohne Stolz – von sich behauptet, schon alles gehabt zu haben, was
ein Mensch an Krankheiten lebend überstehen kann, und daher
meint, zu allem und jedem seinen Senf dazugeben zu müssen –
so wie die nervige Heiderose, Sie erinnern sich. Wann immer
möglich, meiden Sie solche Gesprächsrunden und speziell solche

Gesprächspartner, denn die ziehen Sie nur runter. Und vor allem: Bemühen Sie sich, nicht immer neidvoll auf andere zu blicken, denen es nach Ihrer Ansicht besser geht als Ihnen. Hüten Sie sich vor allem, sich selbst, wenn sie mal wieder krank sind oder in letzter Zeit häufiger Pech gehabt haben, ständig zu fragen: »Warum immer ich?« Das hat noch niemandem geholfen, sondern stürzt Sie nur noch tiefer in eine Spirale aus Kummer und Selbstmitleid. Zumal es mit Sicherheit nicht nur Zeitgenossen gibt, denen es besser geht als Ihnen, sondern mindestens genauso viele, die allen Grund hätten, Sie zu beneiden.

So wie Tante Elfriede. Zumindest nach eigener Einschätzung. Die erfreut sich nämlich, seit ich denken kann, einer wirklich robusten Gesundheit – vor allem, wenn man bedenkt, dass sie vor vier Jahren die 80 überschritten hat. Aber wenn sie mich mal zu fassen kriegt, kann ich darauf warten, dass sie mich mit säuerlicher Miene wegen irgendwelcher ominöser körperlicher Gebrechen anjammert und mir vorhält, wie gut es mir im Vergleich zu ihr doch geht.

»Du hast doch sicher gehört, dass ich mir letzte Woche den Mittelfinger verstaucht habe? Genau wie vor fünf Jahren den Daumen. Warum nur immer ich?« Oder: »Neulich habe ich Nüsse gegessen. Zwei oder drei, mehr nicht. Danach habe ich ein schreckliches Reißen in beiden Knien bekommen. Grauenvoll, sage ich dir. Zum Glück konnte ich mich auf einen Stuhl in der Nähe fallen lassen, sonst wäre ich glatt hingeknallt. Warum habe immer nur ich so ein scheiß Pech?« Oder: »Letzten Sonntag wollte ich mit meiner Freundin einen Spaziergang durch den Stadtpark machen. Und gerade, als wir am weitesten von der Bushaltestelle entfernt waren, jucken mir auf einmal wie verrückt die Ohrläppchen. Vor lauter Kratzen konnte ich kaum noch einen Fuß vor den anderen setzen. So etwas passiert auch immer nur mir.« – Sie erkennen das Muster?

Als sie mir irgendwann mit ihrem Warum-nur-immer-ich-Gejammer mal so richtig auf die Nerven gegangen ist, habe ich sie kurzerhand unterbrochen: »Du hast mir doch mal erzählt, dass man bei dir, als du noch eine junge Frau warst, im Rahmen einer

Mammografie-Untersuchung Veränderungen entdeckt hat, die ganz nach Brustkrebs aussahen. Und dann hat sich, wenn ich mich recht erinnere, bei der Biopsie herausgestellt, dass der Knoten nur eine harmlose Drüsengewebsverhärtung war. Das war doch Glück, oder? Und dann der Sturz vor ein paar Jahren. Da sah es doch am Anfang ganz nach einer komplizierten Handgelenkfraktur aus, und dann war es nur ein glatter Bruch des Unterarmknochens. Zwar auch nicht wirklich erfreulich, aber doch immerhin Glück im Unglück. Also, ich denke, du kannst dich wirklich nicht beklagen.« Kurze Zeit ist sie dann mal still.

Keine Frage, es gibt Menschen, denen setzt das Schicksal derart zu, dass sie allen Grund hätten, sich bitterlich zu beklagen. Menschen, bei denen man sich wirklich fragen könnte, womit sie so viel Pech verdient haben. So wie die Enkelin meines Onkels Kurt – fragen Sie mich nicht, wie man mein Verwandtschaftsverhältnis zu der jungen Frau nennt; in so etwas bin ich eine totale Niete. Auf jeden Fall hat sie innerhalb von drei Jahren zuerst ihren Opa (Lungenembolie), dann ihren Vater (Magenkrebs), kurz darauf ihre Mutter (Herzinfarkt) und schließlich noch ihren Bruder (Autounfall) verloren. Schlimmer geht's wirklich nimmer. Dass sie an dieser Fülle brutaler Schicksalsschläge nicht zerbrochen ist, kann ich bis heute nicht verstehen.

Doch zu derartig vom Unglück gebeutelten Menschen gehört Tante Elfriede ganz bestimmt nicht. Hält man ihr aber vor, dass sie im Vergleich zu anderen doch wirklich keinen Anlass zum Klagen hat, bringt sie das allenfalls wenige Tage zum Schweigen, danach bricht das Dauer-Lamentieren wieder mit Macht durch. Ich denke, Sie kennen auch solche Zeitgenossen. Ich kann Ihnen aus eigener Erfahrung nur dringend raten: Gehen Sie ihnen, wo immer möglich, aus dem Weg!

Wo wir gerade beim Thema »In fortgeschrittenem Alter krank werden« sind: Das hat in dieser Lebensphase verglichen mit früheren doch einen ganz entscheidenden Vorteil, nämlich den, in Ruhe wieder gesund werden zu können. Soll heißen: Wir Senioren haben doch alle Zeit der Welt, das Leiden auszukurieren. Wenn ich früher während meiner Berufstätigkeit als Zahnarzt einmal krankheitsbedingt nicht einsatzfähig war und das Bett hüten musste, bedeutete das für meine Helferinnen, zahlreiche Patienten abbestellen beziehungsweise mit ihnen neue Termine vereinbaren zu müssen. Na und, werden Sie jetzt sagen, was ist denn schon dabei? Wahrscheinlich freuen sich etliche der so Vertrösteten ja sogar, dass sie einen stichhaltigen Grund haben, den ungeliebten Zahnarztbesuch auf später zu verschieben. Aber so einfach ist das nicht. Denn sehr viele laufende Behandlungen kann man nicht einfach beliebig lang unterbrechen. Bei mir waren das zum Beispiel Wurzelbehandlungen, die, sollten sie erfolgreich sein, in mehreren zeitlich präzise aufeinander abgestimmten Sitzungen zu erfolgen hatten. Oder Zahnersatz, den das Labor fertiggestellt hatte und der jetzt darauf wartete, beim Patienten eingesetzt zu werden. Wobei es natürlich genau genommen der Patient war, der auf die neuen Zähne wartete. Oder die Nachsorge nach einer Kieferoperation: Die kann man nicht einfach auf einen späteren Termin verschieben. Was bedeutet, dass irgendein Kollege vertretungsweise einspringen musste. Einer, der selbst einen rappelvollen Terminkalender hatte und sich dann noch um meine Patienten kümmern sollte – und das, ohne zu wissen, wie lange.

Und weil mir das alles vollkommen klar war, bin ich, wenn ich wirklich mal krank war, wieder in die Praxis gegangen, sobald daran auch nur halbwegs zu denken war. Mit dem Resultat, dass ich meinen Patienten alles andere als fit gegenübergetreten bin, abends halbtot war und die Zeit bis zur völligen Genesung schuldhaft immer weiter hinausschob. Heute dagegen lege ich mich, wenn ich mal krank bin, was zum Glück, da ich mich ja schonen kann, nur sehr selten vorkommt, einfach ins Bett. Und da bleibe ich, bis ich wieder vollkommen obenauf bin. Was die Krankheitsdauer gemäß einschlägigen Studien im Übrigen eher abkürzt als verlängert. Und das alles vollkommen ohne Stress oder schlechtes Gewissen. Und wenn mein Buch vielleicht gerade megaspannend ist, hänge ich gerne noch ein paar Tage an. Warum auch nicht?

*»Freiheit ist das Recht, anderen zu
sagen, was sie nicht hören wollen.«*

George Orwell,
englischer Schriftsteller, 1903–1950

Nein heißt Nein

Als ich Ella von meinen Gedanken in Sachen Krank-Sein erzähle und dabei auch auf das Thema Praxisvertretung zu sprechen komme, runzelt sie die Augenbrauen. »Ich sage nur Dr. Lohwald.«

Woraufhin sich bei mir reflexartig die Baucheingeweide zusammenziehen, ganz von selbst, ohne dass ich etwas dagegen tun kann. Nicht mehr so schlimm wie früher zwar, aber immer noch deutlich spürbar. Denn wenn ich den Namen Lohwald höre, fühle ich auch heute noch nur eines: Wut. Und zwar heftige. Weil besagter Zahnarztkollege, je älter er wurde, mit immer größerer Begeisterung Ski fuhr. Das ist natürlich im Grunde nichts Verdammenswürdiges, schließlich ist Sport in jeder Form und in jedem Alter gesund. Warum sollte man also dem damals schon über 60-Jährigen den Spaß im Schnee nicht von Herzen gönnen?

Soll ich Ihnen verraten, warum? Weil ihn das Verlangen, seine Ski ins Auto zu packen und in die Berge zu düsen, immer öfter vollkommen unvorbereitet, sozusagen von einer Sekunde auf die andere, überkam. Dann rief er einfach früh morgens in seiner Praxis an und gab einer seiner beiden Mitarbeiterinnen den Auftrag, die für die nächsten drei Tage angemeldeten Patienten kurzerhand auf einen späteren Termin zu verschieben beziehungsweise – und das ist das zutiefst Ärgerliche an der Sache – auf die Praxen in der Umgebung zu verteilen. Wobei meine, da sie seiner am nächsten lag, den Großteil davon abbekam. Was noch massiv dadurch gefördert wurde, dass Lohwalds Helferinnen an das Praxisschild ein Plakat hängten, auf dem darauf hingewiesen wurde, dass die Praxis momentan geschlossen sei und die Patienten sich doch bitte an Dr. X und Dr. Y wenden sollten. Bis auf besagtem Schild irgendwann – weiß der Himmel, warum – nur noch mein Name stand.

Es gab eine Zeit, da riefen Lohwalds Mitarbeiterinnen in derartigen Fällen wenigstens noch bei uns an und baten um Übernahme der Vertretung, speziell für dringende Fälle. Wobei ich natürlich – man ist ja schließlich Kollege – jedes Mal zustimmte. Äußerst ungern zwar, aber immerhin. Mit der Folge, dass die zusätzlichen Behandlungsbedürftigen jedes Mal gnadenlos meinen sorgfältig aufgestellten Tagesplan auf den Kopf stellten. Worunter natürlich vor allem meine eigenen Patienten litten. Doch Lohwalds höfliche Bitten um Hilfe wurden mit der Zeit immer seltener, und irgendwann stand dann der erste Patient in meiner Praxis, der meinen Angestellten erzählte, sein Zahnarzt sei nicht da und wir hätten ja die Vertretung. Ohne dass wir selbst das wussten. Das muss man sich mal geben!

Das Ganze wäre ja vielleicht mit sehr viel gutem Willen noch akzeptabel gewesen, hätte der werte Herr Kollege sich für unseren Einsatz wenigstens bedankt oder meinen Angestellten, denen er ja skrupellos mehr Arbeit aufbürdete, hin und wieder irgendein Anerkennungsgeschenk zukommen lassen. Und wenn es nur eine Schachtel Pralinen gewesen wäre. Aber nichts dergleichen. Ja, die Sache wurde sogar noch schlimmer, als Lohwald irgendwann neben seiner Begeisterung für das Skifahren auch noch seine Leidenschaft für den Golfsport entdeckte und immer wieder einmal einen Tag auf einem etwa 50 Kilometer entfernten 18-Loch-Platz verbrachte statt in seiner Praxis. Es hätte durchaus einen näher gelegenen gegeben, aber den mied er natürlich. Schließlich wollte er an den Abwesenheitstagen nicht unbedingt einem seiner Patienten über den Weg laufen.

»Und du hast dir das alles gefallen lassen«, stellt Ella fest und schüttelt dabei verständnislos den Kopf. »Warum hast du dem unverschämten Kerl nicht irgendwann mal gesagt, er könne dir den Buckel runterrutschen oder so was in der Art?«

Ich zucke mit den Schultern. »Ich wollte einfach keinen Streit mit ihm bekommen. Bin ja schließlich kein Kollegenschwein.«

Ellas Kopfschütteln wird stärker. »Wenn hier einer ein Kollegenschwein ist, dann doch wohl der blöde Lohwald. Vergnügt sich jedes Mal kaltschnäuzig auf deine Kosten und sagt am Ende nicht mal Danke.«

»Du hast ja recht«, gebe ich kopfnickend zu. »Zumal er mir, hätte ich abgelehnt, schlimmstenfalls böse gewesen wäre und nicht mehr mit mir gesprochen hätte. Damit hätte ich problemlos leben können.«

»Genau«, bekräftigt Ella. »Lass dir das eine Lehre sein.«

Am Nachmittag ist Lohwald dann ein zweites Mal Gesprächsthema, als ich Wolfgang und Manfred von der Sache erzähle. Beide sind wie Ella einhellig der Meinung, ich hätte alles Recht der Welt gehabt, den spontanen, nicht im Vorfeld abgesprochenen Vertretungen einen Riegel vorzuschieben. Stattdessen habe ich Lohwalds Dreistigkeit widerspruchslos hingenommen, bis ich schließlich meine Praxistätigkeit beendet habe und in den Ruhestand gegangen bin.

»Also, ich hätte mir das nicht ...«, murmelt Manfred nachdenklich. Dann unterbricht er sich selbst: »Obwohl ...«

»Obwohl was?«, fragt Wolfgang nach einer Weile allgemeinen Schweigens.

Manfred lächelt säuerlich. »Obwohl ich eigentlich ganz still sein sollte. Weil ich nämlich in einem vergleichbaren Fall genauso feige war.«

»Lass hören«, fordere ich ihn auf, froh, nicht mehr der Hauptgesprächsgegenstand zu sein.

Und dann berichtet uns Manfred – er ist seit einigen Wochen regelmäßig bei unseren Freitagsnachmittagstreffen dabei – von einem ärztlichen Kollegen namens Lothar, der seine Gutmütigkeit immer wieder genauso schamlos ausgenutzt hatte, wie Lohwald die meine: »Bei uns in der Klinik gab es zweimal im Jahr Fachdisziplin-übergreifende Treffen, bei denen die Oberärzte die Kollegen und Kolleginnen der anderen Abteilungen über aktuelle Neuerungen in ihrem speziellen Fachgebiet informierten. Früher begleiteten wir unsere Ausführungen mit von Hand gezeichneten Folien, die wir mittels Overheadprojektor an die Wand warfen, aber nach einiger Zeit wurde es Standard, das mit einer Power-Point-Präsentation zu tun. Die Vorbereitung eines solchen Vortrags nahm deshalb jedes Mal eine Menge Zeit in Anspruch, aber im Grunde waren die Veranstaltungen natürlich höchst sinnvoll. Schließlich ist es durchaus angebracht, dass man als Fachmediziner immer wieder mal über den eigenen Tellerrand hinausblickt. Und ich muss ehrlich sagen, dass ich an der Erstellung meiner Präsentationen immer viel Spaß hatte. Ist ja schon toll, was man mit PowerPoint alles machen kann: die schier unendlichen Möglichkeiten der Textgestaltung und dazu noch der Einbau von Grafiken, Diagrammen, Bildern, ja, sogar Videos. Wirklich eine großartige Sache.« Manfred macht eine Pause, nimmt einen Schluck Bier und fährt fort: »Ich habe mir dabei jedenfalls immer viel Mühe gegeben. Vielleicht ergibt sich ja mal die Gelegenheit, euch die eine oder andere meiner Kreationen vorzuführen. Jedenfalls hatte ich recht schnell den Ruf weg, in Sachen PowerPoint so etwas wie ein Fachmann zu sein. Und das nützte Lothar jedes Mal schamlos aus.«

»Das heißt«, frage ich dazwischen, »er hat von dir verlangt, dass du seine Präsentationen erstellst?«

»Genau«, nickt Manfred. »Und zwar jedes Mal in letzter Minute. ›Manfred, ich komme dieses Mal beim besten Willen nicht dazu.

Kannst du das eventuell für mich erledigen? Du hast das doch voll drauf!‹ Oder: ›Ich hatte gestern gerade angefangen, da musste ich dringend weg. Könntest du vielleicht ...?‹ Oder: ›Das ist diesmal echt kompliziert. Da brauche ich die Hilfe eines Experten!‹ Und so weiter und so weiter. Der hat gar nicht daran gedacht, sich mal selbst intensiver mit PowerPoint zu beschäftigen, sondern sich stets voll und ganz auf mich verlassen.«

»Und du hast natürlich jedes Mal Ja gesagt, stimmt's?«, fragt Wolfgang.

Manfred nickt und sieht dabei aus wie ein Schulkind, das der Lehrer wegen nicht erledigter Hausaufgaben vor der ganzen Klasse tadelt. »Was sollte ich denn machen? Schließlich wollte ich nicht daran schuld sein, wenn sich der Kollege vor allen anderen blamiert. Ich habe ihm natürlich jedes Mal gesagt, es ginge nicht, dass er sich immer auf mich verlässt, und er solle gefälligst auch PowerPoint lernen, so schwer sei das schließlich nicht. Aber das war immer wieder umsonst. So ging das Ganze wie bei dir«, er lächelt mich matt an, »bis ich in Pension gegangen bin.«

Wir schweigen eine Weile nachdenklich, dann fragt Wolfgang: »Warum macht man das? Warum lässt man sich so eine Frechheit bieten?«

»Darüber haben wir doch schon gesprochen, als wir das Geschwätz der nervigen Heiderose widerspruchslos ertragen haben«, antworte ich. »Tief in uns drin haben wir alle ein intensives Verlangen nach Harmonie, wir wünschen uns aus tiefstem Herzen, gemocht zu werden. Ob das jetzt evolutionär mit der Angst vor wilden Urzeittieren und der Gewissheit, im Notfall auf andere Sippenmitglieder angewiesen zu sein, zusammenhängt, weiß ich nicht. Könnte mir etwas in der Art aber gut vorstellen. Jedenfalls gehen wir Auseinandersetzungen mit anderen in der Regel lieber aus dem Weg als mutwillig anzuecken. Wenn bei den Hausbewohnern in der Etage über dir der Fernseher jeden Abend in einer Lautstärke läuft, dass du dich mit deiner Frau nur noch mit

Mühe unterhalten kannst – was machst du? Du schließt die Fenster, damit der Lärm nicht in deine Wohnung dringt. Oder wenn der Nachbar deinen Parkplatz blockiert. Dann beißt du die Zähne zusammen und suchst dir still fluchend einen anderen. Oder wenn ein Bekannter zu jeder Verabredung zu spät kommt. Dann blickst du hundertmal auf die Uhr und sagst dann, wenn er endlich erscheint, du würdest dich freuen, ihn wiederzusehen. Und so weiter und so fort. Hätte ich dem blöden Lohwald einen Korb gegeben, hätte der vielleicht im Kollegenkreis rumgetönt, was für ein ungefälliger Egoist ich wäre. Das wollte ich natürlich nicht riskieren.«

»Muss aber gar nicht sein«, mischt sich jetzt Manfred ein. »Ich meine, dass der, dem du einen Gefallen verweigerst, dir deswegen gram ist. Mein Nachbar zum Beispiel. Der hat mich jahrelang, wenn bei uns Grünabfuhr war und man seine Gartenabfälle zu einem dafür aufgestellten Container bringen musste, gefragt, ob ich sein Zeug vielleicht mitnähme. Was ich auch immer brav getan habe. Bis ich mich einmal gefragt habe, warum er das umgekehrt nicht auch mal erledigen könnte. Dass er meinen Rasen- und Baumschnitt dahin karrt. Aber gesagt habe ich lange nichts. Wollte halt keinen Streit unter Nachbarn. Und dann, keine Ahnung warum, hat mich die Sache plötzlich angekotzt. Mehr noch: Ich war stinksauer. Da bin ich zu ihm rüber und habe ihn gefragt, ob wir das mit dem Grünabfall in Zukunft nicht abwechselnd erledigen könnten, dass er beim nächsten Mal meinen Mist wegfährt, und beim übernächsten Mal ich dann seinen. Und so weiter. Und wisst ihr was? Er war sofort einverstanden. Hat sogar angeboten, die Abfuhr ein paar Jahre lang ganz allein zu erledigen. Weil ich das ja bislang auch getan hätte. Und dann hat er sich sogar für meine bisherige Mühe herzlich bedankt und mir einen Schnaps spendiert.« Er lächelt mich augenzwinkernd an. »Vielleicht hättest du ja von deinem Lohwald auch einen bekommen, wenn du ihm mal ehrlich gesagt hättest, dass dir sein Verhalten nicht passt.«

»Ja, wer weiß«, beendet Wolfgang die Debatte. »Aber weil wir schon beim Nein-Sagen sind. Gilt das auch für anderes als für erbetene Gefälligkeiten, zum Beispiel für angebotene Geschenke?«

Daraufhin entspinnt sich eine längere Diskussion, deren Fazit in etwa wie folgt lautet: Man darf grundsätzlich alles ablehnen, was man angeboten bekommt. Indem man schlicht und einfach Nein sagt. Das allerdings nur, sofern man denjenigen, der einem mit dem Vorschlag vielleicht eine Freude machen will, mit der Zurückweisung nicht vor den Kopf stößt. Und genau da liegt das Problem. Denn wer kann schon vorhersagen, wie der andere reagieren wird?

Ich zum Beispiel gehe ausgesprochen ungern ins Theater. Mir ist dort alles zu dick aufgetragen. So wie auf der Bühne benimmt sich doch im normalen Leben kein Mensch, und niemand redet derart gedrechselt und überbetont. Aber das ist natürlich Geschmackssache. Es gibt ja auch viele Menschen, die keine Konzerte mögen. Was für mich genauso wenig nachvollziehbar ist wie meine Einstellung zur Schauspielerei für Theaterfreaks. Chacun à son goût, wie der Franzose sagt. Oder um ein deutsches Sprichwort zu verwenden: Jedem Tierchen sein Pläsierchen.

Warum ich das erzähle? Weil exakt zwei Tage nach dem Neinsagen-Stammtisch Beate, eine entfernte Bekannte von Ella, bei uns anruft und erklärt, sie und ihr Mann hätten zwei Karten für »Das zuckergrüne Seeferkelchen« heute Abend in der Stadthalle. Und da könnten sie leider nicht hin, weil gleichzeitig die Vernissage eines begnadeten Künstlers stattfinde, den sie einmal bei einem ähnlichen Event kennengelernt hätten. Ein faszinierender Mensch übrigens, wie man selten einem begegnet. Mit dem hätten sie seither in lockerem Briefkontakt gestanden, und der wäre mit Sicherheit bitter enttäuscht, wenn sie nicht kämen. Ob wir an den Karten Interesse hätten? Noch letzte Woche hätte ich spontan Ja gesagt. Und mich dann gezwungen gefühlt, mir das Stück zusammen mit Ella auch anzutun. Äußerst widerwillig zwar, aber gekniffen hätte ich nicht. Wäre ja immerhin möglich, dass irgendein Bekannter von Beate sie gefragt hätte, wo sie und ihr Mann denn an dem Abend gewesen wären. Ihre Plätze seien ja nicht besetzt gewesen.

Aber inzwischen ist es ja in unserem Männerstammtisch darum gegangen, nichts zu tun, was ein anderer von einem verlangt, wenn man dazu keine Lust hat oder wenn man aus irgendeinem anderen Grund nicht dazu bereit ist. Also nehme ich all meinen Mut zusammen und verkünde entschlossen: »Nein, danke.« Erstauntes Nach-Luft-Schnappen am anderen Ende der Leitung, dann die unvermeidliche Frage: »Und warum nicht?« Und die zu beantworten, stellt mich jetzt vor ein echtes Problem. Natürlich könnte ich irgendeine andere dringende und unaufschiebbare Verpflichtung vorschieben. Irgendetwas Jagdliches fällt mir da immer ein: ein Vortrag über die Organisation von Drückjagden, eine Hegeringsitzung oder einfach eine Verabredung zum gemeinsamen nächtlichen Sauansitz. Was erfahrungsgemäß widerspruchslos akzeptiert wird. Aber lügen will ich nicht. Und so atme ich tief durch und sage dann mit leicht zittriger Stimme: »Weil ich darauf keinen Bock habe.« Damit will ich die Sache eigentlich abschließen. Doch dann quält mich plötzlich eine innere Stimme, die mir befiehlt, meine Aussage nicht gar so kategorisch stehen zu lassen. Deshalb schiebe ich noch nach: »Weißt du, ich bin grundsätzlich kein großer Theaterfreund. Und der Titel klingt nach etwas Experimentellem. Das ist dann schon mal gar nichts für mich. Und Ella ist auch nicht gerade ein Fan von derlei Stücken.«

Und was soll ich sagen? Obwohl ich gedacht hätte, mein schlechtes Gewissen würde nun verrückt spielen, ist das Gegenteil der Fall: Ich fühle mich großartig. Endlich einmal den inneren Schweinehund überwunden und schlicht und einfach die Wahrheit gesagt. – Die Beate im Übrigen total locker wegsteckt. »Na, dann eben nicht«, flötet sie und klingt dabei kein bisschen verärgert. »Frag ich halt jemand anderen. Ciao.« Und legt auf.

Die Sache mit Beate erzähle ich den Freunden am nächsten Freitag. Für Wolfgang ist mein »Nein, danke« das Stichwort für eine ähnliche Geschichte. Die betrifft einen Bekannten namens Konrad, der mangels eines eigenen Autos mehrfach mit der Bitte auf ihn zugekommen ist, ihm doch mal kurz das seine zu leihen.

»Ein paarmal habe ich zugestimmt«, erzählt er. Aber dann war sehr bald von »kurz« keine Rede mehr. Vielmehr habe er einmal sogar mehr als drei Stunden auf die Rückgabe seines Autos warten müssen. »Immerhin war das dann vollgetankt«, fährt er fort. »Aber während der drei Stunden konnte ich an nichts anderes denken als daran, was Konrad wohl gerade mit meinem schönen Audi anstellt. Was weiß denn ich, wie der Auto fährt. Da gibt es ja weiß Gott jede Menge Chaoten.«

Das sagt ja der Richtige, denke ich, behalte meinen Einwand aber für mich und höre Wolfgang weiter zu. »Und dann hatte mein Auto tatsächlich einmal einen Kratzer an der rechten hinteren Tür. Den habe ich erst einige Tage, nachdem mir Konrad den Wagen zurückgegeben hat, entdeckt und ihn gleich zur Rede gestellt. Aber er hat Stein und Bein geschworen, er hätte mit dem Lackschaden nichts zu tun. Er hätte mir das Auto exakt so zurückgegeben, wie er es in Empfang genommen hätte. Was ich ihm, ehrlich gesagt, nicht geglaubt habe.«

»Danach hast du ihm deinen Audi nicht mehr geliehen, habe ich recht?«, fragt Manfred.

»Genau. Zweimal habe ich vorgegeben, ich bräuchte ihn in der fraglichen Zeit selbst, aber das konnte ich natürlich nicht jedes Mal behaupten. Dann habe ich meinen ganzen Mut zusammengenommen und bei Konrads nächster Ausleihbitte schlicht Nein gesagt. Mir sei das zu riskant. Dass ich ihm wegen des Kratzers nicht geglaubt habe, habe ich natürlich für mich behalten. Zumal der Vorfall ja schon eine Weile zurücklag und in der Zwischenzeit nichts mehr passiert war. Doch wisst ihr, warum ich euch das überhaupt erzähle? Weil ich nach meiner Ablehnung erstaunlicherweise nicht die Spur eines schlechten Gewissens hatte.

Vielmehr fühlte ich mich großartig. Wie von einer gewaltigen Last befreit. Endlich hatte ich mal nicht geduckmäusert und irgendwelche fadenscheinigen Ausflüchte benutzt, sondern klipp und klar gesagt, was Sache ist.«

»Und Konrad?«, frage ich.

»Der hat nur mit den Schultern gezuckt und gemeint, dann eben nicht. Und wie dankbar er mir sei, dass ich ihm mein Auto überhaupt so oft anvertraut hätte. Und dass er in Zukunft eben ein Taxi nehmen müsse. Was ja schließlich auch kein Problem sei. – Und das war's dann auch schon. Seither habe ich diesbezüglich meine Ruhe. Und vor allem wieder deutlich mehr Respekt vor mir selbst.«

*»Aufrichtigkeit ist höchstwahrscheinlich
die verwegenste Form der Tapferkeit.«*

William Somerset Maugham,
englischer Dramatiker, 1874–1965

Nichts als die Wahrheit ...

Ich sehe Manfred an, der gedankenverloren an seinem Bierkrug
nuckelt. Irgendetwas geht ihm offensichtlich durch den Kopf.
Dann rückt er schließlich damit heraus: »Ich finde, das ist genau
der Punkt. Wenn du einem anderen einen Gefallen tust, obwohl
du das im Grunde überhaupt nicht willst, geht's dem vielleicht
gut, weil er einen Dummen gefunden und seinen Willen bekommen hat. Dafür nimmst du selbst aber in Kauf, dich über deine eigene Schwäche zu ärgern. Fazit: Dem anderen geht's gut und dir
schlecht. Das kann's ja wohl nicht sein. Nicht umsonst spricht man
bei solchen Anlässen von Selbstlosigkeit. Das heißt, man gibt sein
eigenes Selbst auf – und verliert damit zwangsläufig den Respekt
vor sich. Ich habe mir nach der PowerPoint-Sache jedenfalls vorgenommen, mich künftig nicht mehr ausnützen zu lassen und jemand anderem nur noch dann zu helfen, wenn ich das selbst – aus
welchen Gründen auch immer – will. Und ihm meine Entscheidung ganz ehrlich, ohne irgendwelche Ausreden, mitzuteilen.«

Er hält kurz inne und nimmt einen langen Schluck. Dann sieht
er uns einen nach dem anderen an und sagt: »Ich habe mal irgendwo einen Satz gelesen, der sich mir fest eingeprägt hat.

Stammt, wenn ich mich recht erinnere, von einem italienischen Psychologen: ›Handeln Sie stets so, dass es dadurch mindestens einem der Beteiligten besser und keinem‹ – das ist das Entscheidende – ›schlechter geht.‹« Wieder nimmt er einen Schluck, dann grinst er uns beide augenzwinkernd an: »Wie wär's, wenn wir das zum Gegenstand einer neuen Vereinbarung machen würden? Eine Woche lang stets die Wahrheit sagen. Keine Ausreden oder vorgeschobene Argumente. Meint ihr, das hält man durch?«

Wolfgang und ich sehen uns eine Weile nachdenklich an. Dann meint er: »Einen Versuch ist's allemal wert. Wenn es vermutlich auch alles andere als einfach ist. Aber schließlich haben wir Ruheständler ja nichts zu verlieren. Nie mehr zu lügen, stattdessen immer ehrlich zu sein, gehört schließlich auch irgendwie zur Freiheit des Alters.« Er blickt mir direkt in die Augen. »Was meinst du?«

Ich nicke zustimmend. »Das gilt für uns aber natürlich auch untereinander. Wenn wir uns nächste Woche wieder treffen, erzählt jeder offen und aufrichtig, wie es ihm mit dem Ehrlich-sein-Vorsatz ergangen ist. Ohne etwas zu verschweigen oder auch nur zu beschönigen, okay? Ich bin echt gespannt.«

Doch kaum habe ich das gesagt, kommen mir schon die ersten Zweifel, und ich berichte von einer guten Bekannten, die letztes Jahr an Nierenkrebs gestorben ist und der wir davor absichtlich nicht die Wahrheit gesagt haben. Als wir sie in der Klinik besucht haben, hat uns der Stationsarzt sogar ausdrücklich gebeten, der Kranken nicht zu sagen, wie schlecht es um sie steht. Weil ihr das mit Sicherheit den letzten Rest von Lebensmut und Lebensfreude nehmen würde.

Manfred nickt lächelnd. »Wenn ich zusammenzählen könnte, wie oft ich im Lauf meiner Tätigkeit als Arzt Patienten belogen oder ihnen zumindest nicht die volle Wahrheit gesagt habe, käme ich sicher auf weit mehr als tausend Mal. Es ist nämlich unheimlich wichtig, dass ein Schwerkranker an die Möglichkeit seiner Heilung oder zumindest Linderung glaubt, sonst geht es mit ihm gleich zu Ende. Selbst wenn du weißt, dass er bald an Blasenkrebs stirbt, hast du ihm durch deine Verdrehung der Wahrheit zumindest die letzten Tage und Wochen erleichtert. Wer bis zum Tod darauf vertraut, er könne wieder gesund werden, stirbt schlicht leichter.«

»Es gibt ja auch Leute, die wollen unbedingt angelogen werden«, sage ich. »Meine Schwiegermutter zum Beispiel. Als die Sache zwischen Ella und mir – wir waren beide noch keine 20 – seinerzeit enger wurde, wollten wir es irgendwann natürlich nicht mehr nur beim Küssen und Betatschen belassen, sondern miteinander schlafen. Ihre Eltern erlaubten aber nicht, dass sie bei mir in der Studentenbude nächtigte. Und im Auto – nein, das war uns denn doch zu unromantisch.«

»Ja, so war das damals«, mischt Manfred sich grinsend ein. »Wie leicht haben es die Jungen dagegen heute. Als meine Tochter zum ersten Mal mit ihrem Freund in ihrem Zimmer verschwand, haben meine Frau und ich uns nur vielsagend angesehen und heimlich gehofft, dass die beiden schon aufpassen würden. Das war's aber auch schon. Niemals hätten wir uns eingemischt oder ihr das gar verboten. Da wären wir uns vorgekommen wie im 19. Jahrhundert.«

Ich nicke bedächtig. »Es ist doch auch vernünftig, seinen Kindern in derlei Dingen keine Vorschriften zu machen. Gegen die Liebe haben Eltern noch nie eine Chance gehabt. Selbst die brävste Tochter oder der anständigste Sohn belügt Vater und Mutter gnadenlos, wenn die ihnen den Umgang mit einem Freund beziehungsweise einer Freundin verbieten. Auch wenn sie dabei ein megaschlechtes Gewissen haben. Das kann man ihnen wirklich ersparen. Aber um noch mal auf Ella zurückzukommen. Sie hat das Problem ihren Eltern gegenüber einfach dadurch gelöst, dass sie ihnen erzählt hat, sie würde bei einer Freundin namens Marion übernachten. Was natürlich eine glatte Lüge war. Und, ehrlich gesagt, kann ich mir nicht vorstellen, dass ihre Mutter oder ihr Vater ihr das auch nur ein einziges Mal abgenommen hat.

Aber die beiden hatten dann offenbar vor sich selbst ein gutes Gewissen. Immerhin hätten sie, wenn Ella schwanger geworden wäre, behaupten können, sie hätten an die Geschichte mit Marion geglaubt und seien jetzt so was von enttäuscht, dass ihre Tochter sie derart belogen habe. Frei nach dem Motto: ›Was ich nicht weiß, macht mich nicht heiß‹.«

»Fakt ist doch«, fasst Wolfgang unser Gespräch zusammen, »dass man speziell im Beruf manchmal gar nicht anders kann, als die Unwahrheit zu sagen. Hätte ich bei uns im Lehrerkollegium nie eine Vertretungsstunde mit der Behauptung abgelehnt, ich hätte in der fraglichen Zeit schon eine andere dringende Verpflichtung, wäre ich jedes Mal der Mops gewesen. Was für meine Kolleginnen und Kollegen natürlich ganz genauso galt. Der Schulleiter wusste das selbstverständlich, schließlich war er nicht doof, aber machen konnte er dagegen gar nichts. Deshalb wurde er allenfalls, wenn einer übertrieb und wochenlang jede zusätzliche Verpflichtung aus fadenscheinigen Gründen ablehnte, energisch. Mit diesem Agreement konnten wir eigentlich alle gut leben.«

»Das bedeutet doch«, sagt Manfred nachdenklich, »dass es nach der Zeit der stürmischen Liebe und vor allem nach der Berufstätigkeit eigentlich keinen Grund mehr gibt, die Unwahrheit zu sagen. Schließlich kann uns Alten doch keiner mehr was wollen.« Er sieht uns einen nach dem anderen eindringlich an. »Also, was meint ihr? Wollen wir's mit dem Eine-Woche-nicht-Lügen mal probieren?«

Wolfgang und ich nicken zustimmend. Hätten wir gewusst, auf was wir uns einlassen, wären wir nicht so unvorsichtig gewesen.

Dabei fängt die Sache für mich ganz harmlos an. Als ich nämlich am nächsten Morgen beim Brötchenholen einem Bekannten begegne, der dort jeden Morgen seinen Hund spazieren führt, fragt er mich nach dem obligatorischen »Hallo« wie jeden Tag: »Geht's gut?« Worauf ich normalerweise »Danke ja. Und selbst?«, antworte, was er seinerseits mit einem Kopfnicken und so etwas wie

»Kann nicht klagen« quittiert. Anschließend wünscht jeder dem anderen einen schönen Tag, und das war's dann auch schon. Bis zum selben Ritual am nächsten Morgen.

Heute antworte ich auf die Frage nach meinem Befinden aber: »Nein, nicht besonders.«

Worauf er, nachdem er schon fast an mir vorbei ist, abrupt stehen bleibt, sich umdreht und mich stirnrunzelnd ansieht. »Was ist denn?«

»Ach, mir tut meine Enkelin leid«, antworte ich und spüre dabei, wie mir tatsächlich die Tränen kommen. »Die hat heute Morgen am Telefon so geheult, weil ihr Zwergkaninchen – Bully hat es geheißen – in der Nacht gestorben ist. Niemand weiß, warum. Als sie heute früh nach dem Tier sehen wollte, lag es tot im Käfig. Muss ein ziemlicher Schock für sie gewesen sein.«

»Oh, das tut mir leid«, stammelt der Hundemann – ich weiß nicht mal, wie er heißt. »Am besten, gleich ein neues Karnickel kaufen.«

»Hab' ich auch gesagt, aber sie hat gemeint, so einen lieben Kerl wie Bully bekäme sie nie wieder.« Ich blicke mein Gegenüber eine Weile wortlos an. »Nun denn, ist ja nicht Ihr Problem. Jedenfalls danke für das Mitgefühl.«

Damit trennen wir uns. Und ich bin ein kleines bisschen stolz, dass ich die Wahrheit gesagt habe. Obwohl dazu ja wirklich nicht viel gehört hat.

Die zweite Herausforderung an diesem Tag stellt mich da schon vor größere Probleme, und ich werde mir dabei bewusst, wie oft wir nicht ehrlich sind – sei es aus purer Bequemlichkeit oder weil wir uns schämen oder, und das spricht ja eigentlich für uns, weil wir einen anderen nicht in Verlegenheit bringen oder ihm gar wehtun wollen. Ich bin mir so gut wie sicher, dass Sie – ja, auch Sie! – in einer ähnlichen Situation ebenfalls schon öfter nicht wahrheitsgemäß oder zumindest ausweichend geantwortet haben. Also, Ella und ich sitzen mit Freunden – Rudolf und Helga mit

Namen – bei deren Lieblingsitaliener, von dem sie uns schon so oft vorgeschwärmt haben. Nicht nur herrsche dort eine überaus einladende Atmosphäre, sondern auch das Essen sei einfach spitzenmäßig. Bislang hat es uns, wenn sie uns dazu eingeladen haben, entweder terminlich nicht gepasst oder es ist im letzten Moment etwas dazwischengekommen. Und das war in keinem Fall gelogen. Aber heute hat es endlich geklappt. Ich bestelle mir eine Spezialität des Hauses, die Rudolf mir dringend ans Herz gelegt hat: Scaloppine Valdostana ai Pomodori, das sind Schweinemedaillons mit Schinken und Mozzarella in einer sämigen Tomatensoße. Die seien »ganz große Klasse«, hat er mir versichert, und entsprechend erwartungsvoll schiebe ich mir die erste Gabel in den Mund. Doch spätestens bei der dritten wird mir klar, dass Rudolf entweder einen vollkommen anderen Geschmack als ich oder der Küchenchef heute nicht seinen guten Tag hat: Das Fleisch ist zäh, die Soße versalzen, zudem ist das Ganze alles andere als heiß. Aber was soll's. Man kann's essen, und da wir dabei wirklich interessante Gespräche führen, fragt mich weder Rudolf noch Helga, wie es mir schmeckt. Vor dieser Frage fürchte ich mich nämlich schon die ganze Zeit. Die Wahrheits-Vereinbarung, Sie verstehen.

Doch dann ist es der Ober, der mich massiv in Verlegenheit bringt, indem er mich in typischer Italiener-Kellner-Manier fragt: »Signore, tutto bene?« Ich könnte jetzt so tun, als hätte ich ihn nicht verstanden, aber dann fragt er mich mit Sicherheit auf Deutsch. Also nehme ich all meinen Mut zusammen und erkläre: »Na ja, war ein bisschen salzig, und das Fleisch war, ehrlich gesagt, auch nicht das allerweichste.«

So, damit ist es raus. Und schlagartig verstummt das Gespräch am Tisch. Die anderen drei sehen mich an, als hätte ich den Kellner persönlich beleidigt. Rudolf schluckt schwer und murmelt kopfschüttelnd: »Also, das verstehe ich nicht. Wenn ich das bisher gegessen habe, war ...«

»Lass gut sein«, unterbreche ich ihn. »Ist ja kein Beinbruch. Und für die Qualität des Fleisches kann der Koch ja nichts. Da steckt er schließlich nicht drin.« Ich könnte mir in den Hintern beißen, dass ich nicht den Mund gehalten und bei »Tutto bene?« einfach nur zustimmend genickt habe.

Und der Kellner? Nun, der nimmt meine Bemerkung nicht krumm. Ist ja auch gewiss nicht das erste Mal, dass ein Gast irgendetwas am Essen auszusetzen hat. Freundlich lächelnd äußert er mit ein paar italienisch-deutschen Brocken sein Bedauern und bietet uns vieren als Wiedergutmachung ein kostenloses Dessert an, das sich dann tatsächlich als Volltreffer erweist. Inzwischen ist auch unser Gespräch wieder in Gang gekommen, und als wir uns nach mehreren Gläsern Rotwein voneinander verabschieden, ist alles wieder im Lot. Und ich bin mächtig stolz, mich nicht vor der Wahrheit gedrückt zu haben.

Doch dann, drei Tage später, ist die Herausforderung erheblich größer. Wieder geht es ums Essen, aber diesmal ist es unser Schwiegersohn Michael, der das viergängige Menü zubereitet hat, das uns heute erwartet. Michael ist wirklich ein lieber Kerl, Ella und ich mögen ihn sehr. Er hat nur einen einzigen Fehler: Er hält sich für einen Starkoch, mit mindestens zwei Sternen. Aber das ist er wirklich nicht. Er hat in der Küche eine Menge drauf, daran gibt es gar nichts zu mäkeln, aber von spitzenmäßig kann bei dem, was er uns auftischt, nicht die Rede sein. Wobei wir uns ehrlich eingestehen müssen, dass wir an seiner Selbstüberschätzung zumindest eine erhebliche Mitschuld tragen. Weil wir ihm nämlich jedes Mal mit begeistertem Schmatzen versichern, wie köstlich es mal wieder schmeckt – auch wenn das Gemüse abwechselnd verkocht oder übertrieben bissfest ist, die Nudeln derart aneinander kleben, dass man sie nur in Klumpen auf den Teller bekommt, und die Soßen entweder dick wie Pudding oder dünn wie Wasser sind.

Sabrina, unsere Tochter und Michaels Ehefrau, scheint im Hinblick auf die Kochkünste ihres Mannes weit weniger anspruchsvoll zu sein. Sie lässt es sich jedes Mal deutlich sichtbar schmecken und strahlt ihre bessere Hälfte beim Kauen so verliebt an, als hätten die beiden sich erst gestern kennengelernt. Das ist ja im Grunde sehr schön, fatal ist lediglich, dass sie sich wie der Kellner beim Italiener immer unweigerlich bei uns erkundigt, wie es uns schmeckt. Wobei das nicht ganz richtig ist. Sie fragt nicht, sie verlangt nur unsere Zustimmung. Mit Äußerungen wie »Das hat Michael ja mal wieder köstlich hinbekommen« oder »In der Küche macht Michael echt niemand was vor« oder so ähnlich. Die dann blöderweise jedes Mal mit der Floskel »Nicht wahr?« enden.

Das tut sie natürlich auch heute wieder. Und stürzt mich damit in ein Chaos der Gefühle. Wie ich mich auch entscheide, ich kann nur verlieren. Sage ich die Wahrheit, sind nicht nur Michael, Sabrina und Ella sauer, sondern obendrein ist auch noch die ganze schöne Stimmung beim Teufel. Lobe ich dagegen das Essen, wie ich es sonst regelmäßig tue, lüge ich eindeutig und schaffe es schon wieder nicht, die Vereinbarung mit Wolfgang und Manfred zu halten. Wie man's macht, macht man's falsch. Uralter Spruch, und an diesem Abend doch so wahr. Bei alledem habe ich natürlich nicht ewig Zeit, hin und her zu überlegen, was ich antworten soll. Doch als ich tief in mich reinhöre, ist da plötzlich eine Stimme – die berühmte innere – und die flüstert mir zu: »Die Familie geht vor. Also fass dir ein Herz und pfeif auf die Wahrheit. Ist schließlich eine erzwungene Lüge.«

»Ja doch, schmeckt ausgezeichnet«, verkünde ich daher und gebe mir Mühe, meine Stimme überzeugend klingen zu lassen. »Heben wir das Glas auf den großartigen Koch.« Und damit proste ich Michael zu, der mich derart stolz anlächelt, dass ich in diesem Moment ganz und gar überzeugt bin, richtig gehandelt zu haben.

Am darauffolgenden Freitag im Magazin sehe ich den beiden Freunden auf den ersten Blick an, dass es ihnen kein bisschen besser ergangen ist als mir. Dass sie es ebenfalls nicht geschafft haben, die ganze Woche lang immer nur die Wahrheit zu sagen. Und zwar keinesfalls aus Boshaftigkeit, sondern – um es ein wenig theatralisch auszudrücken – aus purer Barmherzigkeit. Weil sie einem Mitmenschen nicht unnötig wehtun wollten.

Bei Manfred war es eine alte Bekannte, die er nach langer Zeit bei einer Vernissage wiedergetroffen hat. »Dummerweise«, bekennt er, »habe ich ihr gleich am Anfang gesagt, wie gut sie aussieht. Woraufhin sie nicht nur gestrahlt hat wie ein Teenager nach dem ersten Kuss, sondern mich dummerweise gefragt hat: ›Schätzen Sie mal, wie alt ich bin.‹ Ich hasse diese Frage, weil sie einen zwangsläufig zum Lügen zwingt. Zumindest, wenn man auch nur ein bisschen charmant sein möchte. Wäre ich ehrlich gewesen, hätte ich ›So um die 130‹ antworten müssen, aber das konnte ich natürlich nicht bringen, und habe mich daher für ›Mitte 70‹ entschieden. Damit bin ich haarscharf an einer Beleidigung vorbeigeschrammt, denn tatsächlich war die Gute ein paar Tage zuvor 77 geworden. Gerade noch mal Glück gehabt.«

Als Letzter gibt Wolfgang zu, unsere Vereinbarung nicht eingehalten zu haben. »Das ist gleich am Freitagabend passiert«, erzählt er lächelnd. »Und ich hatte nicht den Hauch einer Chance. Weil meine Frau mir, als wir uns für eine Einladung fertig gemacht haben, eine Frage gestellt hat, die jeder Mann fürchtet, um nicht zu sagen, hasst.«

»Liebst du mich eigentlich noch?«, stoßen Manfred und ich wie aus einem Mund hervor – was man allerdings nur mit Mühe versteht, weil wir so laut lachen müssen.

Wolfgang schüttelt dermaßen den Kopf, dass seine spärlichen grauen Haare hin und her fliegen. »Ihr tickt wohl nicht richtig. Das wäre ja furchtbar, wenn ich lügen müsste, um die Frage mit ›Ja‹ zu beantworten. Nein, ich liebe Elvira wirklich von Herzen. Es ging um was ganz anderes: ›Findest du mich eigentlich zu dick?‹«

»Oje«, pruste ich hervor. »Da hattest du natürlich von vornherein verloren.«

Wolfgang nickt schwach. »Ja, stell dir mal vor, was los gewesen wäre, wenn ich Ja gesagt hätte. Der Abend wäre vorbei gewesen, bevor er begonnen hätte. So was nennt man heutzutage ein ›absolutes No-Go‹. Also habe ich die Frage verneint und ihr versichert, dass sie mir genau so, wie sie ist, gefällt. Natürlich weiß sie selbst ganz genau, dass sie nicht die Schlankeste ist. Aber in unserem Alter ist das doch so was von egal. Da spielen doch weiß Gott andere Dinge eine viel wichtigere Rolle als die Figur des Ehepartners.«

Manfred grinst breit. »Da gebe ich dir natürlich recht. Fest steht aber, dass du mit deinem Nein nicht die Wahrheit gesagt hast. Oder siehst du das anders?«

»Wie man's nimmt«, versucht Wolfgang, sich zu verteidigen. »Es ging ja nicht darum, ob sie wirklich zu dick ist, sondern ob ich das finde.«

»Und? Findest du?«

Wolfgang zuckt resigniert die Schultern. »Na ja, wenn du mich so direkt fragst: eigentlich schon. Ich bin ja schließlich nicht blind. Nur stört es mich schon eine ganze Weile nicht mehr.«

Dann erzählt uns Wolfgang noch, dass ihm die Gastgeberin der besagten Einladung am selben Abend Bilder von ihren Enkelinnen gezeigt hat. Mit der Feststellung beziehungsweise Frage: »Bildhübsch die drei mit ihren langen blonden Haaren, findest du nicht?«

Und nein, das fand Wolfgang ganz und gar nicht. »Die hatten alle so komische Schlitzaugen und deutlich zu breite Nasen«, berichtet er. »Nein, unter hübsch verstehe ich etwas anderes. Aber natürlich habe ich ihr recht gegeben. Ist doch selbstverständlich.«

Auf unsere dreifache Niederlage bestellen wir eine weitere Runde Bier und, um uns gegenseitig zu trösten, auch noch drei Obstler. Damit prosten wir uns gegenseitig zu und philosophieren noch eine Weile über Wahrheit und Lüge ganz allgemein. Unter anderem erklärt Manfred, dass unter den Zehn Geboten keines sei, das explizit »Du sollst nicht lügen« besagt. »Vielmehr lautet der Text: ›Du sollst nicht falsch Zeugnis reden wider deinen Nächsten.‹ Ich finde, das ist ganz und gar nicht dasselbe.«

»Richtig«, stimme ich ihm zu. »Weil es ausdrücklich ›wider‹, also ›gegen‹ heißt. Für mich impliziert das ausdrücklich, dass Lügen ›für‹ den Nächsten erlaubt sind. Man spricht in solchen Fällen ja auch von ›Notlügen‹. Ich meine, wenn man damit einen anderen etwa vor einer groben Ungerechtigkeit schützt, wenn man aus Liebe flunkert oder aus Rücksichtnahme oder Mitleid. In solchen Fällen sind Lügen meines Erachtens nicht nur erlaubt, sondern sogar ein Gebot der Menschlichkeit oder Gnade.«

»Da gebe ich dir natürlich recht«, sagt Manfred. »Wobei ich mit der Bezeichnung ›Notlüge‹ so meine Probleme habe. Denn wer lügt schon ganz ohne Not, also einfach so aus Spaß?«

Diese Frage lassen wir unbeantwortet im Raum stehen und verabschieden uns nach einer weiteren Runde Bier voneinander. Und während ich langsam heimwärts tappe, ja vielleicht sogar ein wenig schwanke, lasse ich mir das komplizierte Verhältnis von Wahrheit und Lüge noch einmal durch den Kopf gehen und komme zu dem Schluss, dass es dabei immer auf die näheren Umstände ankommt. Wäre ich beim Italiener allein gewesen, wäre meine Kritik angebracht gewesen, aber in Gesellschaft von dem, der mir zu der Spezialität geraten hatte – na ja.

Zu Hause angekommen, schalte ich meinen Computer ein und schmökere ein bisschen in diversen Internetbeiträgen, die sich mit dem Thema »Lüge« befassen. Demnach steht offenbar fest, dass jeder – wirklich ausnahmslos jeder – Mensch lügt, und das in der Regel sogar mehrmals am Tag. Die Gründe dafür seien einerseits Not und Höflichkeit, andererseits aber auch der Konformitätsdruck innerhalb von Gruppen. Nicht nur wir drei Stammtischbrüder, sondern praktisch jeder ist wieder und wieder mit Situationen konfrontiert, in denen er durchaus die Wahrheit sagen könnte, damit aber in Kauf nähme, einen anderen Menschen zu verletzen. Also greifen wir alle quasi automatisch zur Lüge; wir bescheinigen etwa einer Frau, dass ihr die – in Wahrheit zumindest gewöhnungsbedürftige – neue Frisur großartig steht, und entschuldigen uns, wenn wir zum runden Geburtstag einer entfernten ungeliebten Tante eingeladen werden, mit irgendeiner spontan erfundenen Ausrede, obwohl wir durchaus Zeit hätten zu kommen. Aber die

Aussicht, die gewonnenen Stunden mit einem spannenden Buch gemütlich auf der Couch zu verbringen, ist eben doch zu verlockend. Und da wir das besagter Tante nicht schonungslos offenbaren wollen, flunkern wir eben. Womit, seien wir ehrlich, letztlich allen Beteiligten geholfen ist. Die Einladende, die auf unser Kommen wahrscheinlich überhaupt keinen Wert legt, hat ihren guten Willen bewiesen, und wir haben unser Bedauern darüber geäußert, dass wir leider nur deswegen nicht teilnehmen können, weil wir just zur fraglichen Zeit anderweitig verhindert sind. Was ja irgendwie sogar stimmt.

Im Internet finden sich eine Menge Erfahrungsberichte von Leuten, die wie Wolfgang, Manfred und ich ernsthaft versucht haben, ein paar Tage lang ausschließlich die Wahrheit zu sagen und damit kläglich gescheitert sind. Ja, einige haben mit ihrem sich selbst gegebenen Ehrlichkeitsversprechen ernsthafte Beziehungskrisen oder einen veritablen Krach mit dem Partner, einer Kollegin oder gar dem Chef heraufbeschworen. Eine Frau schreibt in einem Blogbeitrag sogar, ihr Freundeskreis habe sich nach nur drei lügenfreien Tagen deutlich reduziert. Das muss man sich mal geben!

Das Fazit aus diesen Erkenntnissen ist ebenso eindeutig wie erschreckend: Wer mit anderen Menschen möglichst konfliktfrei zurechtkommen will, ist geradezu gezwungen, diese hin und wieder zu belügen. Manchmal geschieht das nahezu reflexartig, ohne sich dessen so richtig bewusst zu werden, ab und zu aber auch überlegt und mit voller Absicht. Und das gilt für jeden, unabhängig vom persönlichen Status, von der individuellen Situation und vor allem vom Alter. Auch als Senior, der praktisch nichts mehr zu verlieren hat, kann man sich – Altersfreiheit hin und her – diesem Zwang nicht entziehen. Wobei das natürlich auch sein Gutes hat: Da wir die Unwahrheit oft in Situationen sagen, in denen wir gar keine andere Wahl haben, wenn wir keinen größeren Schaden anrichten wollen, brauchen wir uns deswegen auch nicht zu schämen.

Das hat doch auch was.

*»Das Wasser ist ein freundliches Element für den,
der damit bekannt ist und es zu behandeln weiß.«*

Johann Wolfgang von Goethe,
deutscher Dichter, 1749–1832

Auf der Pasithea

Der nächste Freitag läuft anders als gewohnt. Etwa drei Stunden vor der Zeit, zu der Wolfgang, Manfred und ich uns sonst im »Magazin« zuprosten, befinden wir uns auf der Fahrt nach Würzburg. Wolfgang sitzt am Steuer. Er hat uns nur den Zielort verraten. Was wir da wollen, ist sein Geheimnis, das er auch auf hartnäckiges Nachfragen nicht preisgibt.

»Ihr werdet schon sehen«, ist das Einzige, was wir ihm entlocken können. »Und ich bin sicher, ihr werdet staunen.«

In der unterfränkischen Hauptstadt angekommen, fahren wir erst mal eine Weile am Main entlang. Es ist ein prächtiger Frühsommertag, die Sonne spiegelt sich in den Wellen des Flusses, ein tief im Wasser liegendes Lastschiff kämpft stromauf gegen die Strömung an, mehrere kleinere Motorboote tuckern hierhin und dorthin.

»Wir sind im Hafen«, verkündet Wolfgang kurz darauf. »Gleich haben wir's geschafft.«

Damit schaltet er das Navi seines Autos an, das er bislang, wohl um uns über das genaue Ziel im Unklaren zu lassen, nicht benutzt hat. Wenige Minuten und ein paar Abbiegungen später hält er an, wir steigen aus, und Wolfgang deutet auf ein schmuckes, am Kai vertäutes Boot mit der schwungvollen Namensaufschrift »Pasithea«.

»Da wären wir«, strahlt er. »Hübsches kleines Schiff, oder?«

Wir nicken zustimmend und sehen uns dabei noch immer ratlos an. In dem Moment kommt ein auffallend großer, ziemlich fülliger Mann in T-Shirt und kurzen Jeans den Steg heruntergetappt, der von dem Hausboot ans Ufer führt.

»Hallo, da seid ihr ja«, lacht er uns entgegen und wendet sich dann an Wolfgang: »Du hast echt nichts verraten?«

»Kein Sterbenswort«, antwortet Wolfgang grinsend, dann, auf den Dicken deutend: »Das ist mein alter Freund und Ex-Schulkamerad Arthur«. Anschließend stellt er umgekehrt Manfred und mich vor.

Dann wendet sich Arthur an uns: »Das ist, wie ihr sicher schon gelesen habt, unsere Pasithea. Seit knapp drei Jahren unser Zuhause und unser ganzer Stolz. Zwölf Meter lang und viereinhalb Meter breit.«

Ich merke, wie mir der Mund offen steht und beeile mich, ihn zu schließen. Vor mir liegt ein dunkelblau lackiertes Boot mit klassischem Schiffsrumpf, einem hohen, weiß lackierten Aufbau mit bodentiefen Fenstern und, soweit man das von hier unten beurteilen kann, einer geräumigen, von einer glänzenden Metallreling umgebenen Dachterrasse.

»Arthur und seine Frau Heike – ihr werdet sie gleich kennenlernen – haben sich mit diesem Hausboot einen Lebenstraum erfüllt«, erläutert uns Wolfgang. »Sie haben vor ein paar Jahren ihren Bungalow in der Nähe von München verkauft und leben seither auf dem Wasser. Toll, oder?«

Manfred und ich nicken wortlos. In dem Moment kommt eine Frau, schätzungsweise Ende 60 und im Gegensatz zu ihrem Mann klein und eher dünn, den Steg entlang und freudestrahlend auf uns zu. Zweifellos Arthurs bessere Hälfte. Spontan geht mir das bekannte Sprichwort »Gegensätze ziehen sich an« durch den Kopf.

»Das ist Heike«, stellt Arthur sie uns vor. Wir geben uns gegenseitig die Hand, Wolfgang erhält auf jede Wangenseite ein Küsschen, dann fordert uns Heike breit lächelnd auf: »Na, dann wollen wir mal.« Wir folgen ihr den Steg hinauf, und mit einem fröhlichen »Willkommen an Bord« des Hausherrn – oder sollte man besser sagen des Schiffseigners? – betreten wir einen geräumigen, sonnendurchfluteten Raum mit weißen Wänden und einer gemütlich aussehenden marineblauen Polster-Sitzecke. Würde man nicht beim Blick durch die riesigen Fenster überall ringsum auf Wasser blicken, könnte man meinen, man befände sich im eleganten Wohnzimmer eines Einfamilienhauses. Außerdem gibt es an der nach vorne gerichteten Schmalwand einen mit allerlei Instrumenten bestückten Steuerstand, und jetzt fällt mir auch ein leichtes Schaukeln auf, das ich so noch in keinem anderen Wohnraum erlebt habe. Dann öffnet der Hausherr die neben dem Steuerstand liegende, faltbare Glastür, und vor uns liegt eine geräumige holzbeplankte Terrasse mit einem von ebenfalls blau gepolsterten Stühlen umgebenen quadratischen Tisch. Darauf ein leuchtend roter Erdbeerkuchen und mit maritimem Dekor verziertes Kaffeegeschirr.

Auf Heikes einladende Geste nehmen wir Platz, und ich beobachte eine Entenmutter, die, von einer Schar kugelig flaumiger Küken gefolgt, in der Nähe des Ufers entlangschwimmt. Gleich darauf befinden wir uns, Kuchen und Kaffee genießend, mitten in einer ebenso fröhlichen wie aufschlussreichen Unterhaltung.

»Hat der Name des Hausbootes eine besondere Bedeutung?«, erkundige ich mich.

»Ja, hat er«, antwortet Arthur. »Pasithea ist in der griechischen Mythologie die Göttin der Ruhe und Entspannung. Und die genießen wir, seit wir hier leben, jeden Tag. Und zwar, wie man so schön sagt, in vollen Zügen.«

Und dann erzählt er uns, dass er und Heike 68 beziehungsweise 67 Jahre alt sind und seit drei Jahren ihren Ruhestand genießen. Bis zu seiner Pensionierung war er im Vorstand eines großen

Optik-Werkes tätig und für seine Firma mehr als die Hälfte des Jahres in allen möglichen Teilen der Welt unterwegs.

»Das war natürlich einerseits ganz abwechslungsreich und spannend«, erklärt er. »Aber auch extrem stressig. Allein schon die dauernde Zeitumstellung und dann die vielen, vielen Verhandlungen, bei denen es weiß Gott um mehr als Peanuts ging. Den Tag, an dem damit Schluss sein würde, habe ich in den letzten Berufsjahren so was von herbeigesehnt, ihr glaubt es nicht.«

Während er spricht, legt Heike uns ungefragt Kuchen nach und füllt ein zweites Mal unsere Tassen. Dann ergreift sie das Wort: »Es ist jetzt ungefähr 15 Jahre her, da haben wir das erste Mal ein Hausboot gemietet. In Brandenburg, auf der Havel. Darauf sind wir dann zwei Wochen lang rumgeschippert und fanden das so was von toll. Wir haben in malerischen Buchten geankert, haben uns die Sonne auf den Pelz scheinen lassen, Arthur hat geangelt, und ich bin jeden Tag mindestens eine Stunde lang geschwommen. Und abends haben wir in malerischen Marinas direkt am Wasser gegessen. Es war traumhaft. Und das Ganze haben wir dann jedes Jahr wiederholt, auch in Südfrankreich, Irland und Kroatien. Wir haben beide die nötigen Sportboot-führerscheine gemacht und eines Tages beschlossen, unseren Lebensabend genau so zu verbringen: in einem schwimmen-den Domizil auf dem Wasser. Und wie ihr seht, haben wir uns unseren Traum erfüllt. Und unseren Entschluss bis heute keine Sekunde bereut.«

Nach dem Kaffeetrinken machen wir einen Rundgang durch das Hausboot. Das verfügt neben dem uns schon bekannten Wohnraum über eine kleine Küche mit Herd, Kühlschrank und sogar einer Geschirrspülmaschine, ein Schlafzimmer mit Doppel-bett und ein Bad mit Dusche und Waschbecken sowie eine sepa-rate Toilette. Neben der geräumigen Terrasse, auf der wir gerade Kaffee getrunken haben, gibt es vor dem Schlafzimmer noch eine zweite, etwas kleinere Terrasse, die über eine Badeleiter und eine

Außendusche verfügt. Ideal, um nach dem Aufstehen erst mal eine Runde zu schwimmen, betont Heike.

Von der Kaffeetafel-Terrasse führt eine Treppe auf das schätzungsweise 30 Quadratmeter große, mit Holz beplankte Oberdeck, auf dem neben einer weiteren gemütlichen Sitzgruppe aus weißen Korbsesseln mit blauen Polstern noch zwei komfortabel aussehende Sonnenliegen sowie ein Gasgrill mit allem Drum und Dran stehen.

Nachdem uns Arthur interessante Details über Strom- und Wasserversorgung sowie Heizung – voll wintertauglich, Einfrieren kein Problem – geschildert hat, bringt er plötzlich mehrere Badehosen an und fordert uns auf, mit ihm ins Wasser zu springen, was wir uns nicht zweimal sagen lassen. Übermütig wie kleine Kinder tollen wir eine Weile im relativ kühlen Main herum, dann klettern wir wieder an Bord.

»Fahrt ihr denn mit der Pasithea auch mal weg, oder bleibt die hier dauerhaft stehen?«, will Manfred wissen, als wir bei einem Glas Frankenwein auf der Dachterrasse sitzen und den vorbeifahrenden Schiffen nachschauen.

Heike lacht auf. »Natürlich unternehmen wir damit Touren. Ist doch ein Hausboot. Der Motor hat 55 PS. Damit kann man zwar nicht rasen, aber das wollen wir ja auch gar nicht. Nein, wenn wir damit unterwegs sind, dann immer schön langsam und gemütlich. Hektik und Zeitdruck hatten wir beide lange genug.« Und dann erfahren wir, dass sie selbst in derselben Firma wie Arthur tätig war, als Leiterin des Übersetzungsbüros, worunter ich mir, ehrlich gesagt, nicht allzu viel vorstellen kann. »Letztes Jahr haben wir eine Rundtour durch Holland, Belgien und Nordfrankreich gemacht, und dieses Jahr steht noch eine längere nach Berlin und weiter über die Mecklenburgische Seenplatte an.«

»Donnerwetter!«, staune ich. »Quasi eine Flusskreuzfahrt zu zweit. Das könnte mir auch gefallen.«

Um es kurz zu machen: Wir haben Heike, Arthur und die Pasithea erst verlassen, als der Mond schon hoch am Himmel stand.

Vorher gab es auf der Wohnraumterrasse noch leckere fränkische Bratwürste mit Sauerkraut und Brezeln, diesmal begleitet von mehreren Gläsern frischen Biers, für Wolfgang wegen der bevorstehenden Autofahrt in alkoholfreier Form.

Auf der Heimfahrt unterhalten wir uns angeregt über das Erlebte und danken Wolfgang für den herrlichen Tag bei seinen lieben Freunden und ihrem prächtigen Domizil auf dem Wasser. Dabei fallen uns noch eine Menge Fragen ein, die wir vergessen haben zu stellen. Weshalb wir einmütig beschließen, der freundlichen Aufforderung, doch bald einmal wiederzukommen, unbedingt Folge zu leisten. Dann mit unseren Ehefrauen.

»Ich würde mein Hausboot, wenn ich eines hätte, nicht nach irgendeiner ominösen Göttin benennen«, erklärt Wolfgang, als wir wieder unseren Heimatort erreicht haben. »Ich finde, es gibt einen weitaus passenderen Namen.«

»Und der wäre?«, fragt Manfred und sieht ihn dabei mit hochgezogenen Augenbrauen an.

»LIBERTAS«, verkündet Wolfgang pathetisch. »Oder, wenn ihr's lieber deutsch mögt: FREIHEIT.«

*»Ich bin zu alt
für so 'ne Scheiße!«*

Danny Glover, US-amerikanischer
Schauspieler und Regisseur, geb. 1946

Muss das sein?

»Wie viele Einwohner hat Deutschland?«

Mit dieser Frage begrüßt uns Manfred am nächsten Freitag und ist dabei ganz offensichtlich bemüht, ein Grinsen zu unterdrücken.

»Ungefähr 83 Millionen«, erkläre ich ernsthaft, und Wolfgang ergänzt: »Ich glaube, nicht ganz.«

»Ganz falsch!«, sagt Manfred und lächelt jetzt breit

»Du meinst schon die Bundesrepublik in den heutigen Grenzen?«, fragt Wolfgang nach.

»Ja, klar.«

Wolfgang blickt mich mit zusammengekniffenen Augenbrauen ratlos an. »Kapier ich jetzt nicht.«

»Es sind nur etwa 41 Millionen«, verkündet Manfred und fährt nach einer kurzen Pause, sich erkennbar an unseren verblüfften Gesichtern weidend, fort: »Die anderen 41 Millionen sind Einwohnerinnen.«

»So ein Quatsch!«, entfährt es mir. Doch dann geht mir durch den Kopf, dass er so unrecht nicht hat. Und ich weiß auch, worauf er hinauswill. »Es geht dir ums Gendern, richtig?«

»Genau. Ich finde nämlich, dass es zu den erfreulichsten Privilegien des Älterwerdens gehört, so einen Unfug nicht mehr mitmachen zu müssen. Ja, sich sogar hemmungslos darüber lustig machen zu dürfen.«

»›Unfug‹«, lacht Wolfgang. »Lass das bloß nicht die Frauen hören!«

Manfred winkt ab. »Also, ich finde, dass wir in der heutigen Zeit weiß Gott andere Probleme haben – denkt nur an den Klimawandel, das Artensterben, die Plastikvermüllung der Meere oder an Krieg und Hunger überall in der Welt, um nur die gravierendsten zu nennen – als anstelle von ›Studenten‹ ›Studierende‹ zu sagen. Weil der Begriff ›Studenten‹ ja nur die männlichen Universitätsbesucher betrifft und die Frauen außen vor lässt. Dasselbe gilt für Forschende und Lehrende. Wahrscheinlich müssen wir bald auch Wissenschaffende statt Wissenschaftler sagen.«

»Und die Erdenbürger in Menschen und Menschinnen einteilen«, lacht Wolfgang. »Schließlich heißt es ja eindeutig ›der‹ Mensch. Da kann man sich als Frau schon zurückgesetzt fühlen.«

»Dabei sind diese verallgemeinernden Bezeichnungen genau genommen sogar falsch, oder zumindest ungenau«, erkläre ich ernsthaft. »Denn das Partizip Präsens ›-nd‹ bezeichnet doch eindeutig eine momentane Tätigkeit. Schlafende schlafen gerade, und Trinkende verleiben sich in dem Moment irgendeine Flüssigkeit ein. Demnach sind Studierende solche Menschen, die momentan, also ganz aktuell, dabei sind zu studieren, das heißt, an einer Univeranstaltung teilnehmen oder lernen. Während ein Student schon dann einer ist, wenn er bloß an einer Hochschule eingeschrieben ist. Wenn ein Student Auto fährt, ist er nach wie vor ein Student, aber in dem Moment gerade kein Studierender. Was natürlich für Forschende und Lehrende genauso gilt. Trinken sie gerade ein Bier, sind sie zwar Bier trinkende Forscher und Lehrer, aber doch nicht Bier trinkende Forschende und Lehrende. Von toten Studierenden, Forschenden und Lehrenden ganz zu schweigen. Also, wenn man schon geschlechterkorrekt sein will, muss man zwangsläufig ›Studenten und Studentinnen‹ sagen. Wobei sich Frauen auch da gekränkt fühlen könnten, weil sie nicht zuerst genannt werden.«

»Dafür, dass es eine real existierende Diskrepanz dieser Nomen zum Partizip Präsens gibt, bin ich geradezu ein Paradebeispiel«, sagt Manfred. »Ich trällere nämlich bei allen möglichen Tätigkeiten gern irgendein Lied vor mich hin. Dann bin ich ja zweifelsfrei ein ›Singender‹. Mich aber als ›Sänger‹ zu bezeichnen, wäre die Übertreibung des Jahrhunderts. Naja, mittlerweile sind wir ja sogar schon so weit, dass es nicht mehr angebracht ist, das Wort ›Raucherpause‹ zu verwenden, sondern stattdessen das Wort ›Zigarettenpause‹ zu gebrauchen.«

»Und wenn einer Pfeife raucht?«, fragt Wolfgang breit grinsend. »Was ist dann?«

Ich zucke mit den Schultern. »Keine Ahnung. Vermutlich handelt es sich dann um eine ›Pfeifenpause‹. Schwierig wird die Sache allerdings, wenn er sich seine Pfeife inmitten einer Gruppe von Zigarettenrauchern anzündet ... Aber ich hab noch ein anderes Beispiel: Neulich habe ich in den Nachrichten im Fernsehen das Wort ›Wahlverzeichnis‹ gehört. Damit wollte derjenige, der den Text verfasst hat, wohl das Wort ›Wählerverzeichnis‹ umgehen. Dabei ist ein Verzeichnis von Wahlen, also von Abstimmungen über die Zusammensetzung bestimmter Gremien, doch eindeutig etwas anderes als ein Verzeichnis von Wählern, also Personen.«

»Was mich auch aufregt, sind die geradezu skurrilen Methoden einer mehrgeschlechtlichen Schreibweise«, sagt Manfred. »Ich meine, mit Sternchen, Unterstrich, Doppelpunkt und was es da so alles gibt. Das sieht doch mehr als komisch aus. Und wenn man es – etwa mithilfe von Kunstpausen – gesprochen hört, denkt man, der Sprecher würde stottern.«

»Da hast du recht«, stimme ich zu, und Manfred fügt an: »Ja, ich finde das auch lachhaft. Aber uns kann das ja egal sein. Uns ›Senioren‹ nimmt niemand übel, wenn wir uns über so einen Mist kalt lächelnd hinwegsetzen. Die Seniorinnen mögen das so handhaben, wie sie wollen!« Er hebt sein Bierglas. »Wir trinken auf die Freiheit des Alters.«

Nachdem wir diese Überlegungen beendet haben, schneidet Wolfgang ein ähnliches Thema an: »Genauso absurd finde ich die sogenannte ›political correctness‹, also die bewusste Vermeidung von diskriminierenden Wörtern beziehungsweise deren Ersatz durch andere Bezeichnungen.«

»Stimmt«, mischt sich Manfred ein. »Es sind ja in den letzten Jahren so viele neue Wörter dazugekommen, da schafft man es kaum mehr, den Überblick zu behalten.«

Da gebe ich jetzt auch meinen Senf dazu: »Ja, aber eine andere Wortwahl hat Schwarzen auch nicht wie erhofft die erwünschte Anerkennung gebracht. Ob die Amerikaner ihre farbigen Mitbürger jetzt Black People, Coloured People oder African Americans nennen, ist doch total schnuppe, solange sie sie immer noch als Außenseiter behandeln, ihnen jede Menge Rechte vorenthalten und schießwütigen Polizisten erlauben, sie bei dem geringsten Anlass kaltblütig abzuknallen.«

»Da hast du recht«, sagt Wolfgang. »Idiotisch finde ich auch die Tatsache, wenn fest eingeführte und allgemein verständliche Begriffe plötzlich als nicht mehr politisch korrekt abgelehnt und durch zweifelhafte Wortneuschöpfungen ersetzt werden. Warum soll ich ›Ausländer‹ – ein gänzlich wertneutraler Begriff – neuerdings ›Menschen mit Migrationshintergrund‹ nennen, wenn sich dadurch für die Betroffenen nicht das Geringste ändert? Und glaubt ihr ernsthaft, dass man einer Putzfrau mehr Respekt und Anerkennung entgegenbringt, indem man sie ›Raumpflegerin‹ nennt? Also, ich möchte das doch stark bezweifeln.«

»Es ist sicher gut und richtig«, ergänzt Manfred, »Wörter, die eindeutig herabsetzenden Charakter haben, kritisch zu prüfen und gegebenenfalls durch andere zu ersetzen. Aber alles mit Maß und Ziel.«

»Womit wir schließlich wieder auf die Freiheit des Alters zurückkommen«, erklärt Wolfgang zusammenfassend. »Die sich eben darin ausdrückt, dass wir die Dinge so benennen können, wie wir wollen. Früher, als ich noch im Schuldienst war, gab es durchaus Listen mit erwünschten Verhaltensweisen und auch zu meidenden Wörtern. Daran musste ich mich wohl oder übel halten. Heutzutage kann mir diesbezüglich zum Glück niemand mehr Vorschriften machen.«

»Mir auch nicht«, ergänzt Manfred. »Im Krankenhaus hatten wir ebenfalls einen verpflichtenden Sprachkodex. Vor allem sollten wir Begriffe oder Redewendungen vermeiden, die Patienten negativ auffassen konnten. Selbst wenn jemand schwer krebskrank war, galt es, ihn mit aufbauenden, optimistischen Erklärungen zu beruhigen. Was allerdings leider oft überhaupt nicht funktionierte. Wie dem auch sei, ich stimme Wolfgang voll und ganz zu, dass wir Alten uns nicht mehr um derartige Dinge kümmern müssen.«

Und wieder besiegeln wir das Gesagte mit einem kräftigen Schluck Bier.

»Da ist noch was, über das ich mich kalt lächelnd hinwegsetze«, verkündet Wolfgang. »Weil ich es für genauso überflüssig halte wie die Gendersprache.« Als Manfred und ich ihn fragend anblicken, fährt er fort: »die bescheuerte Rechtschreibreform. Die alte war nicht mehr ganz aktuell, gebe ich zu, aber nichtsdestotrotz ist die neue unnötig wie ein Kropf.«

Wir stimmen ihm kopfnickend zu, und ich ergänze: »Zumal sie alles andere als logisch ist. So schreibt man ›Fotograf‹ jetzt mit zwei f, warum dann ›Philosoph‹ weiterhin mit ph vorne und hinten? Die einzige Änderung, die ich nachvollziehen kann und die ja auch eindeutig geregelt ist, ist die neue Schreibweise von Doppel-s und scharfem s.«

»Ich nicht«, grinst Manfred. »Weil ich denke, dass jeder das Wort ›Fluss‹ auch dann versteht, wenn es wie früher mit scharfem s am Schluss geschrieben wird.«

»Das sehe ich anders«, widerspreche ich. »Wobei ich dir mit dem Verständnis schon recht gebe. Aber bei mir ist das insofern speziell, als ich ja Bücher schreibe, und da muss ich mich schon an die geltenden Regeln halten. Außerdem möchte ich Wörter nicht auf eine Weise schreiben, für die meine Enkel in der Schule einen Fehler angestrichen bekämen. Mittlerweile stört es mich massiv, wenn jemand ›Straße‹ in der Mitte mit zwei s oder ›Kuss‹ hinten mit einem scharfen s schreibt. Ich verstehe ohnehin nicht, warum man im Zuge der Rechtschreibreform das Eszett nicht gleich ganz abgeschafft hat. In der Schweiz gibt es das schließlich auch nicht, das vermisst da niemand.« Ich grinse meine Freunde an. »›Vermisst‹ selbstverständlich mit Doppel-s.«

»Na schön«, meint Wolfgang. »Mir ist das total schnuppe. Wobei ich während meiner Lehrtätigkeit auch gehalten war, die neue Rechtschreibung so weit wie möglich anzuwenden und beispielsweise die fehlerhafte Verwendung von Doppel- und Scharf-s anzustreichen. Aber wenn sich jemand partout nicht daran halten will, was soll's?«

»Weil wir gerade bei Sprache im weitesten Sinne sind«, greife ich das Thema doch noch mal auf, »möchte ich noch etwas loswerden, was mir schon seit Langem auf den Zeiger geht.« Ich wende mich Wolfgang zu. »Du hast uns doch von dem nervigen Typen erzählt, der sich ständig über die Schlechtigkeit der Welt beklagt hat.«

»Ja, was ist mit ihm?«

»Mit seiner Kritik der Verwendung von modernen Anglizismen haben wir ihm ja durchaus recht gegeben. Ich finde, das gilt ganz besonders für die bescheuerten letzten Sätze in Werbespots.«

»Du meinst solche wie ›There's no better way to fly‹ von der Lufthansa?«, fragt Manfred.

»Genau. Wobei das ja selbst für Englisch-Muffel noch halbwegs verständlich ist. Aber ich frage mich, was das überhaupt soll. Warum müssen so viele Werbespots mit einem englischen Satz enden? Will man damit die Internationalität der angepriesenen

Produkte betonen? Und wenn ja, warum gibt es das umgekehrt in anderen Ländern nicht? Oder glaubt ihr, British Airways denkt daran, ihren Werbespots in England einen Slogan wie ›Die wahre Wonne über den Wolken‹ oder etwas in der Art anzufügen? Auf Deutsch, meine ich.«

»Na ja«, schaltet sich jetzt Wolfgang ein. »Deutsch hat als Weltsprache ja auch bei Weitem nicht die Bedeutung wie Englisch. Darin halbwegs fit zu sein, erwartet man heutzutage von einem gebildeten Menschen einfach. Insofern übermittelt der englische Lufthansa-Slogan gewissermaßen die subtile Botschaft, dass mit ihr vor allem besonders kluge Leute fliegen.«

»Das mag ja alles richtig sein«, gebe ich zu. »Aber es ist nun mal Tatsache, dass es viele Deutsche gibt, die einen englischen Spruch nicht kapieren. Untersuchungen haben sogar ergeben, dass 60 Prozent der Deutschen überhaupt kein Englisch verstehen. Und von den restlichen 40 Prozent sind noch immer viele mit dem Verständnis von englischen Werbebotschaften überfordert. Vor allem, wenn die alles andere als klar formuliert sind. Ihr kennt doch sicher die von der Parfümeriekette Douglas?«

Manfred grinst breit. »Du meinst ›Come in and find out‹?«

Ich nicke. »Genau die. Umfragen unter Kunden haben ergeben, dass gar nicht so wenige den Satz nicht im Sinn von ›Komm herein und finde heraus, was dir gefällt‹ verstehen, sondern ihn mit ›Komm rein, finde danach aber auch wieder raus‹ übersetzen. Das klingt fast wie ein Rausschmiss. Was ja ganz sicher nicht im Sinne des Erfinders ist. Oder denkt an den früheren Sat1-Spruch ›Powered by emotions‹. Der wurde von einigen Zuschauern – ich habe über das Thema mal einen hochinteressanten Artikel gelesen – mit ›Gepudert von Gefühl‹ übersetzt. Zum Glück haben die Verantwortlichen das relativ schnell erkannt und den Slogan in ›Sat1 zeigts allen‹ geändert. Den kapiert man jedenfalls.«

»Und noch ein Beispiel«, meldet sich jetzt Wolfgang zu Wort. »Mitsubishis berühmter Spruch ›Drive alive‹ soll ja wohl so etwas wie ›Fahre mit allen Sinnen‹ bedeuten. Den haben gar nicht so wenige mit ›Überlebe die Fahrt‹ übersetzt.« Er grinst breit. »Wie hätte meine Mutter gesagt: ›Zuerst denken, dann machen, sonst wird's zum Lachen.‹«

*»Alle Lebewesen außer den Menschen
wissen, dass der Hauptzweck des Lebens
darin besteht, es zu genießen.«*

Samuel Butler, britischer Gelehrter, 1835–1902

Zeit, zu genießen

»Das Alter hat echt eine Menge Vorteile«, meint Ella, als ich ihr beim Abendessen von meinem Freitagsstammtisch mit Wolfgang und Manfred erzähle.

»Dass wir uns jetzt, wo wir älter sind, mehr herausnehmen können?«, frage ich kauend.

»Genau.« Sie belegt sich eine weitere Scheibe Brot mit Käse. »Aber weißt du, was ich in Bezug auf unser Alter noch ausgesprochen angenehm finde?«

Ich überlege, aber sie schiebt die Antwort gleich hinterher: »Dass das Aussehen längst nicht mehr so eine große Rolle spielt wie früher.«

»Heißt das, wir brauchen uns in Zukunft nicht mehr so oft zu duschen, zu frisieren und zu rasieren, und es ist auch nicht mehr nötig, dass wir uns von Zeit zu Zeit neue Klamotten kaufen? Weil ja eh kein Mensch mehr darauf achtet, wie wir aussehen?«

Ella lacht laut auf. »Genau! ›Seniles Gammel-Outfit‹ nennt man das. Hat doch was, oder?«

»Ist nicht dein Ernst?«

»Natürlich nicht. Ich finde sogar im Gegenteil, dass man gerade wenn man älter ist, besonders gepflegt aussehen sollte. Aber Sich-Pflegen ist eben etwas ganz anderes als Sich-Stylen oder gar Aufbrezeln. Wenn ich denke, was ich als Mädchen und junge Frau alles getan habe, um möglichst attraktiv und verführerisch auszusehen. Wie viel Zeit und Geld ich dafür geopfert habe: die vielen Shoppingtouren, um die besten Kosmetika und neuesten Outfits für die vielen vielen Partys und diversen Anlässe zu ergattern, das ganze aufwendige Nagelstyling, die ausufernden Schuheinkaufs-Orgien, die richtige Zusammenstellung der verführerischsten Parfüms, und was weiß ich was sonst noch. All das ist im Alter schlicht nicht mehr in dem Umfang wie früher erforderlich, weil es – seien wir doch ehrlich – nun mal nichts an der Tatsache ändert, dass man mit fortschreitendem Alter nicht schöner wird. Schau dir doch mal mein schlaffes Dekolleté an oder die vielen Falten und Altersflecken im Gesicht. Wobei ich da im Vergleich zu einigen Freundinnen und Bekannten noch relativ gut wegkomme. Mit 70 sieht man eben nicht mehr so aus wie mit 30. Natürlich gibt es für ihr Alter gut aussehende ältere Menschen, aber das sind eben auch keine ästhetischen Top-Performer mehr. Nein, machen wir uns nichts vor: Wir sehen – ein paar Jährchen hin und her – exakt so alt aus, wie wir sind. Und daran können auch die beste Kosmetikerin und die teuersten Mittelchen nichts ändern. Zu jedem Lebensalter gehört nun mal ein bestimmtes Aussehen und zu unserem eben eines, das man schon länger nicht mehr als spitzenmäßig – beinahe hätte ich ›top of the art‹ gesagt – bezeichnen kann. Was ja, wie gesagt, auch eine ganze Menge Vorteile hat. Und wenn es nur der ist, dass man weniger Zeit mit ständigem In-den-Spiegel-Schauen vergeudet.«

»Das stimmt schon«, sage ich und denke dabei an Wolfgang. Der hat mir nämlich schon vor Längerem einmal erzählt, dass er, seit er im Ruhestand ist, viel weniger Geld für Kleidung ausgibt. Schließlich müsse er sich nicht mehr jeden Tag vor Schülerinnen präsentieren, die sein Outfit kritisch beäugen. Rasieren würde er sich auch nicht mehr so oft wie früher, und die Intervalle zwischen den Friseurbesuchen seien ebenfalls länger geworden.

»Und noch eines«, drängt es mich hinzuzufügen. »Schau dir mal die alten Leute an, die wir so kennen. Wer sieht da besser aus: die superschlanken oder die eher ein bisschen fülligen? Wobei ich finde, dass das ganz besonders für Frauen gilt.«

»Darüber haben wir ja schon öfter gesprochen«, antwortet Ella sanft lächelnd. »Deshalb kenne ich deine Meinung ganz genau. Und gebe dir sogar recht – allerdings weiß man oft nicht, ob die Menschen wirklich gesund sind und eine Krankheit hinter ihrem Unter- oder Übergewicht steckt. Nimm doch mal die Frau, die hier in der Gegend jeden Tag ihren schwarzen Hund ausführt. Die ist nicht nur schlank, sondern regelrecht dürr. Wie eine Vogelscheuche. Und sieht mit ihren vielen Falten im Gesicht für mich aus wie über 80. Dabei ist sie noch keine 70. Wobei natürlich möglich ist, dass daran eine Krankheit schuld ist.

»Hm, nimm dagegen Heinrich, den Schwiegervater von Sabrina. Gut, der ist vielleicht ein bisschen zu füllig, aber dafür hat er noch ein erstaunlich glattes Gesicht. Dabei ist er letzten Monat 76 geworden.« Ich zwinkere Ella verschwörerisch zu. »Und was lernen wir daraus?«

Sie lächelt liebevoll zurück und lässt ihren Blick dabei vielsagend über meinen Bauch schweifen. »Dass zur Altersfreiheit gehört, rund um die Uhr zu mampfen?«

Ich winke grinsend ab. »Das sicher nicht. Aber dermaßen auf die Figur achten wie vielleicht früher, müssen wir ganz sicher nicht mehr. Ich esse ohnehin längst nicht mehr so viel wie noch mit 30 oder 40. Aber aus Angst vor ein bisschen mehr Körperfülle mit dem Essen aufzuhören, bevor ich satt bin, nein, das fällt mir wirklich nicht ein. Und wenn mir nach drei Schokoplätzchen noch nach drei weiteren der Sinn steht, warum nicht? Wieso soll ich die Jahre, die mir noch bleiben, nicht genießen?«

»Na, dann nur zu«, sagt Ella und hält mir ein kleines, verführerisch duftendes Marzipanbrot hin.

Ich nehme es, schiebe es mir langsam in den Mund, beiße behutsam hinein und verdrehe mit einem langgezogenen »Hmmm« genießerisch die Augen.

»Ich habe dir doch erzählt, was Dr. Leipold bei meinem letzten Besuch gesagt hat. Dass ich mir in meinem Alter wegen der paar Extrapfunde keine Sorgen machen muss. Und auf keinen Fall auf die blöde Idee kommen soll, irgendeine ominöse Diät zu machen. Vor allem, weil ich dabei zwangsläufig Muskelmasse verliere. Und dass das dann wiederum jede körperliche Bewegung erschwert. Mit der Folge, dass ich immer träger werde und zwangsläufig noch mehr zulege.« Ich nehme mir noch ein Stück Marzipan und beiße lächelnd hinein. »Und das will ich natürlich unbedingt vermeiden.«

»Ja, ja, die Ernährung ...«, sinniert Wolfgang, als ich ihm von meiner Vorliebe für Süßigkeiten und den diesbezüglichen Ansichten unseres Hausarztes berichte. Heute mal nicht beim Stammtisch im »Magazin«, sondern im Rathauscafé in der Nähe des Wochenmarktes, wo er Ella und mir zufällig über den Weg gelaufen ist. »Ein mehr als heikles Thema. Ich versuche zwar auch, möglichst gesundes Zeug zu essen, aber ob ich's immer richtig mache, weiß ich nicht. Schließlich gibt es ...«

»Also wenn ich da an meinen Vater denke ...«, unterbreche ich ihn unhöflicherweise, muss dann aber kurz innehalten, um zu überlegen und fahre gleich darauf fort: »Der war in dieser Hinsicht kompromisslos. ›Gesund ist für mich, was mir schmeckt‹, hat er immer wieder großspurig verkündet. Und ich habe eine Menge Zeit darauf verwendet, ihn davon zu überzeugen, dass man das heute, wo die Forschung in puncto gesunde Ernährung ständig neue Erkenntnisse zutage fördert, nicht mehr so einfach behaupten kann. Aber je älter ich selber werde, desto mehr gebe ich ihm recht. Zwar ist er relativ früh – mit gerade mal 76 – gestorben, aber schuld daran war eine Infektionskrankheit, gegen die man seinerzeit noch machtlos war: Hepatitis C. Was ich damit sagen will: Dass er nicht älter geworden ist, hat mit falscher Ernährung nicht das Geringste zu tun. Im Gegenteil: Bis er sich den Infekt eingefangen hat, war er körperlich derart fit, dass er noch jedes Jahr das Senioren-Sportabzeichen gemacht hat. Auch geistig war er voll auf der Höhe. Und das, wie gesagt, obwohl er sich um die vielen Empfehlungen der Ernährungswissenschaftler – ich habe erst kürzlich gelesen, dass auf diesem Gebiet jeden Tag mehr als hundert neue Studien veröffentlicht werden – nicht die Spur gekümmert hat.«

»Was ja auch alles andere als einfach ist«, erklärt Ella. »Weil sich besagte Empfehlungen nämlich permanent ändern. Nicht selten gilt eine bestimmte Verhaltensrichtlinie, die als Nonplusultra gesunder Ernährung gepriesen wird, kurz darauf schon wieder als überholt. Wobei sich die Meinungen der beteiligten Wissenschaftler oft sogar diametral widersprechen. Was Koryphäe XY in den höchsten Tönen als ultimative Erkenntnis preist, verdammt der preisgekrönte Buchautor YZ als schlimmste aller Todsünden. Mal sind es die Fette, die in Sachen Herz- und Kreislaufgesundheit als Übeltäter par excellence gelten, dann heißt es wieder, sich generell vor zu viel Fett zu fürchten, sei völliger Unfug, weil speziell die rechtsdrehenden Omega-Dingsbums-Säuren für den Organismus unverzichtbar wären. Und die wahren Krankmacher seien die Kohlenhydrate, allen voran der raffinierte weiße Zucker. Zu jeder dieser Thesen gibt es mindestens zehn Diäten, die vollmundig versprechen, mit ihrer Hilfe in einem Monat mindestens 15 Kilo loszuwerden. Da blickt doch kein Mensch mehr durch!«

»Ganz meine Meinung«, stimmt Wolfgang ihr zu. »Erst vorgestern habe ich auf einer Internetseite gelesen, dass Obst längst nicht so gesund ist, wie man bisher immer postuliert hat. Weil es nämlich eine Menge Fruchtzucker enthält. Und der stellt bei seiner Verstoffwechslung die Leber vor erhebliche Probleme. Demnach leben Obstmuffel gesünder als Apfel- und Trauben-Vielesser. Insofern hatte dein Vater mit seiner pauschalen Sichtweise der Dinge sicher gar nicht so unrecht. Schließlich sind wir biologisch gesehen nichts anderes als Tiere; und habt ihr schon mal einen Hund oder eine Katze gesehen, die etwas fressen, was ihnen nicht schmeckt?

Ich nicht. Deshalb gehöre ich auch nicht zu den Bedauernswerten, die meinen, das aus welchen Gründen auch immer tun zu müssen. Das Einzige, worauf ich, unabhängig von der jeweiligen Mahlzeit, beim Essen grundsätzlich achte, ist, dass ich mir nicht zu viel auf den Teller packe und aufhöre, sobald ich satt bin.«

»Sehe ich genauso«, schalte ich mich ein und versuche, Ellas spöttisches Grinsen zu übersehen. »Schließlich bin ich bei durchaus guter Gesundheit 73 geworden. Hätten Ella und ich in den letzten Jahrzehnten jede angeblich optimale Ernährungsempfehlung – vegan, low carb, low fat, paleo, detox, clean eating und was es da noch so alles gibt – befolgt, hätten wir praktisch jeden Monat den Inhalt unseres Kühlschranks komplett gegen Lebensmittel des allerneuesten Trends austauschen müssen. Aber selbst, wenn der ausschließliche Verzehr von mehrfach ungesättigtem Omega-12-Blattsalat mir zwei Lebensjahre mehr garantieren würde, würde ich das Angebot dankend ablehnen. Nein, was Essen und Trinken angeht, bin ich immer wieder gerne eine Katze oder ein Hund. Und wenn ich die Wahl hätte, mithilfe ständigen Hin- und Herüberlegens und dem Verzicht auf Leckeres drei Jahre älter zu werden oder auf diese drei Jahre zu pfeifen und dafür den Rest meines Lebens zu genießen, müsste ich nicht lange überlegen, für welche Alternative ich mich entscheiden würde.«

»Ganz besonders«, lacht Ella und zwinkert Wolfgang dabei zu, »wenn Alternative B ausdrücklich den täglichen Genuss von Marzipan empfehlen würde, stimmt's?«

»Genau«, bestätige ich trotzig. »Solange etwas, was mir schmeckt, nicht nachweislich giftig ist, sehe ich gar nicht ein, warum ich in den paar Jahren, die mir noch bleiben, darauf verzichten soll. Was natürlich nicht heißt, dass ich es gut finde, so lange Unmengen von Kalorien in sich hineinzustopfen, bis man kaum noch laufen kann. Aber bei jedem Bissen erst hin und her zu überlegen, ob der nicht vielleicht zu viel komplexe Lipopolysaccharide oder weiß Gott in welche Richtung drehende Oligopeptide enthält, nein, dazu habe ich beim besten Willen keine Lust.«

Wolfgang nickt zustimmend. »Und wie haltet ihr es mit dem Alkohol?« Dabei nippt er augenzwinkernd an dem Cognac, den er sich zu seinem Kaffee bestellt hat.

Ella und ich sehen uns an. Und so erzähle ich ihm, dass wir uns erst gestern darüber unterhalten haben, dass viele Ältere, speziell, wenn sie ihren Partner verloren haben und sich allein durch ihr Dasein wursteln müssen, alkoholische Getränke mit Vorliebe als Seelentröster verwenden. Und zwar in keineswegs bescheidenen Mengen. »Das weiß ich, seit ich mich mal an einem Samstagvormittag eine Weile in einem großen Supermarkt in der Nähe der Kasse herumgedrückt und beobachtet habe, was die Senioren so alles aufs Kassenband legen. Da kommt in Sachen Alkohol ganz schön was zusammen. Mit den Promille, die da in einer Stunde piepend durch den Scanner wandern, käme eine mittelgroße Kneipe vermutlich das gesamte Wochenende aus. Und dabei reden wir beileibe nicht nur von Bier. Nein, es sind in erster Linie Rot- und Weißwein, den viele Rentner mehrflaschenweise nach Hause tragen, aber auch so manches Fläschchen Hochprozentiges verschwindet da in Taschen und Einkaufsbeuteln. Aber warum auch nicht? Einmal traf ich Marga, die kenne ich noch von früheren gemeinsamen Hundespaziergängen – ich hatte ja 13 Jahre lang einen Großen Münsterländer. Sie klagte: ›Was habe ich denn noch groß vom Leben? Mein Mann ist vor vier Jahren gestorben. Seither habe ich nur noch Dixi‹ – das ist ihr Berner Sennenhund – ›und mit dem kann ich mich nun mal schlecht unterhalten. Da lese ich halt viel und hänge stundenlang vor der Glotze rum. Und lasse mir dabei abends gern ein Gläschen Wein schmecken, oder auch zwei, drei. Wenn ich wirklich mal eines zu viel erwische, wen kümmert's? Danach gehe ich eh ins Bett und schlafe dann wenigstens sofort ein. Damit habe ich sonst nämlich so meine Probleme.‹«

Ella und Wolfgang nicken verständnisvoll, und weil inzwischen schon wieder viel Zeit verstrichen ist, lassen wir das Thema Thema sein, verabschieden uns und verlassen das Café.

Auf dem Weg nach Hause freue ich mich schon auf den morgigen Abend, wenn ich mir zusammen mit meinem Freund Karl das Fußballspiel Deutschland–Italien anschauen werde. Wobei die Vorfreude, das gebe ich gerne zu, keinesfalls nur dem Spiel gilt, sondern auch dem ganzen Drum und Dran. Und damit auch der Tatsache, dass, wie immer beim gemeinsamen Fußballschauen, so manches Bierchen unsere Kehlen hinablaufen wird. Dazu bei jedem Tor ein Schnaps, liebevoll »Willi« genannt: bei den deutschen Toren aus patriotischer Begeisterung, bei den italienischen aus missgünstigem Frust. Ein einziges Mal haben wir, weil ich am nächsten Morgen in aller Herrgottsfrühe zur Jagd verabredet war und Karl ebenso zeitig zu einer Urlaubsreise starten wollte, alkoholfreies Bier getrunken und auf die Schnäpse verzichtet. Da hat das ganze Fußball-Schauen nur noch den halben Spaß gemacht. Nein, Bier und Willi gehören für mich zu einem solchen Event einfach dazu. So wie etwa Likör für viele ältere Damen zum gemütlichen Kaffeetrinken im Kreise ihrer Gleichgesinnten. Und was speziell den Wein angeht, so gibt es an einer Tatsache überhaupt nichts zu rütteln: Ein festliches Essen schmeckt ohne begleitenden edlen Tropfen nicht halb so gut. Schließlich empfehlen Köche zu ihren Kreationen nicht ohne Grund so gut wie immer einen Riesling, Grauburgunder, Cabernet Sauvignon oder Montepulciano, je nachdem, welche Rebsorte die Raffinesse des Gerichts ihrer Ansicht nach besonders gut zur Geltung bringt.

Darum, liebe Altersgenossen – oder sollte ich »Altersgenießende« sagen? –: Lasst euch von Miesmachern, Asketen, Gesundheitsaposteln und anderen Besserwissern nicht verrückt machen. Lasst euch getrost Bier, Wein und – warum nicht? – auch Hochprozentiges schmecken. Solange ihr es damit nicht übertreibt, könnt ihr derlei Genüsse ohne schlechtes Gewissen getrost genießen. So wie ich es auch tue. Um mit dem Alkohol unsere Leber zu ruinieren, bleibt uns nämlich gar nicht mehr genügend Zeit.

»Alte Leute sind gefährlich; sie haben
keine Angst vor der Zukunft.«

George Bernard Shaw,
irischer Dramatiker, 1856–1950

Nach mir die Sintflut

Apropos Zeit ...

Ich habe keine Ahnung, wie viele Jahre mir noch bleiben: nur die gemäß Statistik zu erwartenden fünf? Oder vielleicht doch ein paar mehr? Möglicherweise aber auch nicht einmal so viel? Ich weiß es nicht und will es auch gar nicht wissen. Was ich jedoch weiß, ist, dass vieles, was den Menschen um mich herum im Hinblick auf die Zukunft Sorgenfalten auf die Stirn treibt, mir mehr oder weniger egal sein kann. Weil ich es aller Voraussicht nach ohnehin nicht mehr erleben werde. Und wenn doch, dann ist es mir egal, weil ich schon eine ganze Menge – Entschuldigung! – Scheiß erlebt und jedes Mal weitgehend unbeschadet überstanden habe. Das hat mich abgehärtet und in mir die feste Überzeugung reifen lassen, dass es ja doch immer irgendwie weitergeht. Und dass die Zeit tatsächlich – so abgeschmackt es klingen mag – früher oder später so gut wie alle Wunden heilt, sogar die wirklich schlimmen.

Wobei man als Rentner – das gebe ich unumwunden zu – leicht reden kann. Denn vieles, was uns Menschen nervt oder gar tierisch aufregt, tut das ja vor allem deswegen, weil es uns, solange wir noch berufstätig sind, einen erheblichen Teil unserer knapp bemessenen Zeit stiehlt. Das ändert sich mit dem Eintritt ins Pensionsalter schlagartig, auf einmal haben wir Zeit in Hülle und Fülle. Und können daher vieles, was uns früher auf die Palme gebracht hat, auf einmal viel gelassener sehen und angehen. Es sei denn, wir gehören zu den bedauernswerten Altersgenossen, die als Rentner noch immer streng nach Terminkalender leben und, selbst wenn alles nach Plan läuft, Mühe haben, sämtlichen Verpflichtungen nachzukommen. So wie Jakob und Maria, beide Mitte 70. Wir kennen sie von unserer gemeinsamen Zeit im Tennisclub und sehen sie nur selten. Wenn wir uns aber mal zufällig über den Weg laufen, sind sie eigentlich immer voll im Stress. Heute noch eine Ausstellung zeitgenössischer Kunst im Rathaus, eine Vernissage des Kunstvereins, die man auf keinen Fall versäumen darf, und ein abendliches Orgelkonzert in der Heilig-Magdalena-Kirche, morgen Vormittag die Eröffnung des neuen Einkaufszentrums in der Weststadt mit ausgedehnter Besichtigung, anschließend ein Umtrunk mit dem Bürgermeister sowie den am Bau Beteiligten, bei dem es erfahrungsgemäß leckere Häppchen und reichlich Sekt gibt, danach – je nach Jahreszeit – eine von einem renommierten Botaniker geführte Runde durch den Rosengarten von Schloss Zinngiebelberg, eine Besichtigung des Ostereierbrunnens in Hasenhoppelstedt, ein Bummel durch die Oldtimerausstellung im Schloss Sternbergaurach oder der grandiosen Holzskulpturenschau in Burgbernhausen, gekrönt von einer Darbietung der örtlichen Volkstanzgruppe. Und so geht es weiter, Tag für Tag, Woche für Woche, sommers wie winters. Dazwischen sind jährlich mindestens drei mehrwöchige Reisen einzuplanen, dazu noch zwei Studienfahrten mit dem Geschichts- und Altertumsverein, jeweils zwölf Theater- und Konzertvorführungen im Rahmen zweier Jahresabos, aber natürlich auch diverse eigene Aktivitäten wie Gesangsverein (zweimal wöchentlich Üben, einmal jährlich Auftritt), Posaunenchor und nicht zu vergessen allerlei Familienfeste – Taufen, Kommunionen, Konfirmationen der Enkel, Geburtstage, Hochzeiten sowie, leider mit zunehmendem Alter immer häufiger: Beerdigungen. Wobei die sich naturgemäß nur sehr bedingt vorausplanen und konfliktfrei in den Terminkalender integrieren lassen. Wenn sie mich fragen: Stress pur!

Da ich den während meiner Berufstätigkeit wahrlich in Hülle und Fülle gehabt habe, tue ich mir – und für Ella gilt dasselbe – all das jetzt im Ruhestand bewusst nicht mehr an. Weshalb mich die Anforderung, zur Lösung irgendeines überraschend aufgetauchten Problems Zeit zu benötigen, kein bisschen schrecken kann. Ich lasse alles in Ruhe angehen und muss mich bei der Erledigung einer Aufgabe, egal, worum es im Einzelnen geht, nicht beeilen. Von hetzen ganz zu schweigen. Ich weiß, wie gesagt, erfreulicherweise nicht, wie lange ich noch zu leben habe, aber fest steht, dass diese Zeitspanne mit jedem Tag, der vergeht, um 24 Stunden geringer wird. Das tut sie zwar auch bei jüngeren Menschen, aber im Alter wird einem die begrenzte Lebenszeit, ob man will oder nicht, von Jahr zu Jahr bewusster – und gewinnt daher zwangsläufig mehr Einfluss auf die Lebensgestaltung. Deshalb nehme ich mir die Freiheit, mich über vieles, was Jüngere auf die Palme bringt, ja, nicht selten sogar regelrecht in Panik versetzt, bewusst nicht mehr aufzuregen. Das lohnt sich schlicht nicht mehr. Ändern kann ich das meiste davon ja doch nicht, und die paar Jahre werde ich damit schon klarkommen. Schließlich habe ich schon ganz andere Herausforderungen gemeistert.

Das gilt auch – so rücksichtslos das jetzt klingen man – für ein Hauptproblem kommender Generationen: die durch uns Menschen verschuldete Erwärmung unseres Planeten, sprich den Klimawandel. Selbst wenn nur ein Teil all des Schrecklichen eintritt, was Wissenschaftler für die Zukunft prophezeien, kann ich mir nur schwer vorstellen, wie das Leben auf der Erde in Zukunft weitergehen soll. Da hat doch der egoistische Gedanke etwas überaus Tröstliches, dass ich wahrscheinlich einen Großteil der vorhergesagten Dürren, Hochwässer und was da sonst noch an Entsetzlichem auf uns zukommen mag, allenfalls noch am Rande miterleben werde. Und wenn das schmelzende Polareis, wie prophezeit, ganze Küstenstädte überfluten wird, werde ich deswegen jedenfalls keine nassen Füße bekommen. Sicher, damit bürde ich meinen Kindern und Kindeskindern Lasten auf, die ich momentan für allenfalls ansatzweise absehbar halte, aber irgendwie werden die schon damit klarkommen. Was bleibt ihnen auch anderes übrig?

Genauso wie sie damit klarkommen müssen, dass die Menschen, zumindest in den modernen Industriestaaten, älter und älter werden. Immer weniger Junge müssen für immer mehr Betagte sorgen. Es ist ja schon jetzt so, dass die Altersbezüge der Senioren von immer weniger Berufstätigen erwirtschaftet werden, und es sieht nicht so aus, als würde sich daran in Zukunft etwas zum Positiven ändern. Damit wir uns richtig verstehen: Für gerecht halte ich das keineswegs und kann daher gut verstehen, dass die Jungen sich große Sorgen um ihre Zukunft machen. Aber eben die Jungen, es ist eindeutig ihr Problem. Wobei viele Ältere das Dilemma erstaunlicherweise genauso sehen. Gemäß einer Umfrage der Körber-Stiftung in Zusammenarbeit mit der Zeitschrift *Stern* halten 79 Prozent der Deutschen – also vier von fünf, und zwar aus allen Altersschichten – die jüngere Generation für benachteiligt. Wir Ruheständler von heute sind dagegen fein raus. Wir bekommen unser Geld, und bis das Rentensystem irgendwann kollabiert, gibt es uns mit großer Wahrscheinlichkeit nicht mehr.

Klar, so zu denken ist hochgradig egoistisch, das weiß ich selbst. Aber die Zeiten ändern sich nun mal. Wie oft hat mir ein Jagdkamerad, der kürzlich mit über 90 gestorben ist, vorgeschwärmt, wie viele Hasen und Rebhühner es früher noch in unserer Gegend gab. Und Rehe in großen Sprüngen, nicht selten 20 und mehr. Dann kann ich auch nur mit den Schultern zucken und denken, schade, dass das heute nicht mehr so ist. Doch mehr als Bedauern bleibt mir nicht. Rebhühner beispielsweise sieht man bei uns so gut wie gar nicht mehr. Dafür begegnen mir bei der Jagd immer mehr Waschbären und demnächst möglicherweise auch Goldschakale, Luchse und Wölfe. Die Zeiten ändern sich eben. Das war schon immer so und wird immer so bleiben. Es gehört jedenfalls entschieden zur Freiheit des Alters, bedrohlichen Entwicklungen, die Jüngeren berechtigterweise den Angstschweiß auf die Stirn treiben, mit einem Schulterzucken entgegensehen zu können und dabei zu denken: »Nach mir die Sintflut.«

Und noch etwas trägt entscheidend zu der aus dieser Sichtweise erwachsenen Gelassenheit bei: die tiefe Dankbarkeit dafür, dass wir – die wir inzwischen so alt sind – bei uns noch nie einen Krieg erlebt haben. Nie zuvor in der deutschen Geschichte gab es eine derart lange Phase vollkommenen Friedens. Ein komplettes Leben ohne Opfer, Lebensgefahr, Flucht, Hunger und Unterdrückung. Ist das nicht toll? Doch anstatt für so viel Glück dankbar zu sein, beklagen sich meine Altersgenossen mit Hingabe darüber, dass ihre Knie beim Bücken knirschen, dass ihre Haut immer faltiger und fleckiger wird und dass sie Menschen, deren Gesicht ihnen bekannt vorkommt, nur mit einem knappen »Hallo« begrüßen können, weil ihnen der Name mal wieder nicht einfällt.

Nein, ich denke, dass wir Ruheständler, sofern wir halbwegs gesund alt geworden sind, allen Grund haben, mit unserem Leben zufrieden zu sein. Wenn ich Abend für Abend in der Tagesschau sehe, wie in allen möglichen Teilen der Welt Naturkatastrophen schlimmsten Ausmaßes sowie Bürger- und andere Kriege den dort lebenden Menschen das Leben zur Hölle machen, wenn ich höre, dass Millionen nicht wissen, wie und wo sie am nächsten Tag etwas Essbares auftreiben sollen, wenn die Fernsehbilder Kinder zeigen, die in Slums und Flüchtlingslagern bei strömendem Regen im Schlamm waten und keine Chance auf eine auch nur halbwegs ordentliche Schulbildung, geschweige denn auf eine sorgenfreie Zukunft haben, dann freue ich mich aufrichtig, dass mir in meinem Leben – in dem es natürlich auch Höhen und Tiefen gegeben hat – ein auch nur annähernd schlimmes Schicksal erspart geblieben ist. Und ganz besonders auch, dass ich seit meiner Kindheit und wohl auch bis zu meinem Tod offen meine Meinung zu allem Möglichen kundtun darf, ohne mit Verhaftung, Folter und Tod rechnen zu müssen. Ich brauche mir keine Sorgen um Ereignisse zu machen, die vermutlich nie eintreten werden, und kein Geld für etwaige Notfälle zur Seite legen, mit denen ich mit ziemlicher Sicherheit nicht rechnen muss. Im Grunde kann ich als älterer Mensch – solange ich mit meinem Handeln andere nicht belästige oder gefährde – doch tun und lassen, was ich will.

Diesen wunderbaren Zustand empfinde ich als Freiheit pur, die ich jetzt im Ruhestand ganz bewusst genieße. Und zwar jeden Tag aufs Neue. Ich kann Ihnen nur dringend empfehlen, Ihre kleinkarierten Bedenken hinsichtlich altersbedingter Beschwerden und Einschränkungen sowie sonstiger Ärgernisse, an denen Sie doch ohnehin nichts ändern können, mit einem fröhlichen »Was soll's!« beiseitezuschieben und es mir – vielleicht sogar mit einem Lächeln – nachzutun.

»Ich lebe in jener Einsamkeit, die peinvoll ist in der Jugend, aber köstlich in den Jahren der Reife.«

Albert Einstein,
deutscher Physiker, 1879–1955

Corona: Vom Glück, nicht mehr jung sein zu müssen

Während ich an diesem Buch schreibe, tobt überall auf der Welt die Corona-Pandemie mit immer neuen Wellen und Erreger-Mutanten. Das ist schrecklich, es hat für mich persönlich aber auch einen Vorteil: Ich kann am Computer praktisch beliebig lange Zeit ungestört bei der Sache bleiben, kann mich voll und ganz in Recherche, Textplanung und Schreiben vertiefen, da andere Aktivitäten – verreisen, essen gehen oder Konzerte besuchen – gar nicht oder allenfalls nur mit massiven Einschränkungen möglich sind, die Ella und mich von vornherein abschrecken. Kurz: Ich versäume gerade überhaupt nichts.

Überhaupt müssen wir Älteren zugeben, dass uns die Pandemie und die zu ihrer Bekämpfung erlassenen Regeln und Verbote, vom Verreisen vielleicht abgesehen, allenfalls am Rand tangieren und unser gewohntes Leben, wenn überhaupt, nur minimal einschränken. Das gilt natürlich nur für uns noch sehr selbstständig lebende und relativ gesunde Senioren, für die Älteren in den Senioren- und Pflegeheimen sieht die Sache schon etwas anders aus.

»Mir tun vor allem meine Enkel leid«, sagt Wolfgang, nachdem wir uns endlich einmal wieder getroffen und mit gegenseitigen Ellbogenstupsern begrüßt und unsere Masken abgenommen haben. »Beziehungsweise taten mir leid, als sie nicht in die Schule durften und Unterricht nur noch per Homeschooling am Computer stattfand. Was ja jederzeit wieder kommen kann.«

»Richtig«, stimme ich zu. »Am Anfang fanden die Kids das ja noch ganz toll. Nicht jeden Tag so früh aus dem Bett, weil der Schulweg wegfiel, und kein Lehrer, der ständig vor ihnen steht und sie nervt. Wobei das Nerven – ich kenne mich da nicht besonders aus – vielleicht auch online möglich ist. Mein Sohn hat mir jedenfalls erzählt, dass bei seinen beiden Kindern einige Lehrer das Homeschooling mit allem Drum und Dran wie digitalen Projektarbeiten, Klassenchats und Videokonferenzen voll drauf hatten und sich damit größte Mühe gaben, während es anderen Lehrern offenbar komplett an Lust fehlte, sich mit den Abläufen und Möglichkeiten näher zu befassen. Die zogen dann jeden Tag eine mehr als dröge Veranstaltung an der Bildschirmkamera ab, die den Namen Unterricht beim besten Willen nicht verdiente. Wobei man ihnen vielleicht zugutehalten muss, dass sie den Fernunterricht ja auch nie richtig gelernt haben.« Ich wende mich Wolfgang zu: »Oder könntest du das so aus dem Stegreif?«

»Gott bewahre!« Wolfgang winkt mit hochgezogenen Augenbrauen ab. »Keine Chance. Meine Computerkenntnisse sind ohnehin bescheiden. Und von Online-Unterricht habe ich echt null Ahnung.«

»Ist wohl eine Frage des Alters«, lächelt Manfred, der auch wieder mit von der Partie ist. »Mir geht's nämlich genauso. Wenn ich sehe, wie meine Enkel mit ihrem Laptop umgehen: YouTube schauen, Spiele spielen – sogar mit anderen Kindern, die sie überhaupt nicht kennen, weil die an völlig anderen Orten auf der Welt leben –, wie sie alle möglichen Fragen bei Google klären, überhaupt kreuz und quer im Internet surfen, da kann man nur staunen. Trotzdem bleibt es eine Tatsache, dass die Hauptleidtragenden von Corona neben den Kindergartenkindern wohl die Schüler waren und immer noch sind. Mir ist zwar nicht klar, wie so eine Videoschulstunde genau abläuft und ob die Kinder dabei Fragen stellen können wie im normalen Unterricht. Aber ich kann mir beim besten Willen nicht vorstellen, dass sie auf diese Weise genauso viel mitbekommen, wie wenn der Lehrer direkt vor ihnen steht. Dazu kommt der fehlende Kontakt zu Mitschülern und Freunden. Die Schule ist ja schließlich kein reines Wissensvermittlungs-Institut, sondern spielt doch auch eine ganz entscheidende Rolle bei der sozialen Entwicklung der Kinder. Ich habe gelesen, dass manche Schüler unter der Situation derart gelitten haben und immer noch leiden, dass sie Selbstmordgedanken haben.«

»Nicht nur Gedanken«, wirft Wolfgang ein. »Im Fernsehen kam vorgestern ein Bericht zu dem Thema. Darin hieß es klipp und klar, dass gegen Ende der zweiten Schulschließungsperiode viel mehr Kinder wegen eines Suizidversuchs im Krankenhaus gelandet sind als im Jahr zuvor. Die haben die Isolation und Einsamkeit einfach nicht mehr ausgehalten.«

»Stellt euch mal vor«, gebe ich zu bedenken, »eine alleinerziehende Mutter lebt mit ihren zwei Kindern in einer Zweieinhalbzimmerwohnung. Irgendwo in der Stadt, ohne Balkon und Garten. So was ist gar nicht so selten. Und da die Frau arbeitet, kann sie coronabedingt nicht ins Büro gehen, sie muss also im Homeoffice arbeiten, und nebenbei soll sie dann auch noch ihre online beschulten Kinder beaufsichtigen. Da erklär' mir mal einer, wie das funktionieren soll. Da ist es doch ebenso ausgeschlossen, dass die Mutter ordentliche Arbeit leistet, wie es höchst unwahrscheinlich ist, dass ihre Kinder viel vom Schulstoff mitkriegen. Wobei allein schon das Problem besteht, dass Familien ja meistens nicht mehr als einen Computer besitzen, wenn überhaupt. Und ein ausreichend gut funktionierendes WLAN und ein Drucker müssten theoretisch auch vorhanden sein. Aber das Problematischste ist: Von früh bis spät teilen sich Mutter und Kinder die wenigen Quadratmeter der gemeinsamen Wohnung und gehen sich dabei gegenseitig mächtig auf die Nerven. Wer erwartet, dass jemand in einem solchen Umfeld – und hier spreche ich von den Kindern ebenso wie von der Mutter – Leistung bringt, muss schon ein totaler Ignorant sein. Und wenn die Mama mit den Nerven am Ende ist und ihre Sprösslinge sehr gerne wenigstens ein paar Stunden bei Oma und Opa abgeben möchte, geht das auch nicht, weil die Großeltern zu der am stärksten gefährdeten Altersgruppe gehören. Es ist wirklich schlimm!«

Alle drei nehmen wir wortlos einen Schluck Bier. Jeder hängt seinen Gedanken nach. Dann sagt Manfred mit – ich bin sicher, ich täusche mich nicht – wehmütigem Gesichtsausdruck: »Ich finde allerdings, dass die Kontaktbeschränkungen die älteren Kinder beziehungsweise Jugendlichen, ich meine die über 16-Jährigen, fast noch härter trifft. Keine Treffen mit Gleichgesinnten in Kneipen oder sonst wo, kein gemeinsamer Sport, keine Disco, keine Partys. Wenn ich zurückdenke, wie es damals bei uns abgegangen ist, als wir so um die 18 – ein paar Jahre hin und her – waren, bekomme ich nachträglich fast so etwas wie ein schlechtes Gewissen. Nächtelang haben wir durchgefeiert, haben voll die Sau rausgelassen. Haben getrunken, getanzt, geknutscht und geraucht – was genau, wollt ihr jetzt gar nicht wissen –, und das alles bei Musik in voller Lautstärke. Das ging manchmal sogar so weit, dass die Polizei unserem Treiben ein Ende setzen musste. Jedenfalls habe ich das zweimal erlebt. Immerzu ging irgendwo etwas Tolles ab, bei dem man nicht fehlen durfte, wobei – seien wir ehrlich – nicht zuletzt der enge Kontakt mit dem anderen Geschlecht den Reiz massiv erhöhte. Wie soll ein junger Mann denn heutzutage, ich meine unter Corona-Bedingungen, ein junges Mädchen kennenlernen? Wie sollen die beiden herausfinden, ob sie zueinander passen, wenn jegliches Sich-Näherkommen streng verboten ist? Und Küsse mit vorausgehendem hastigen Masken-Beiseite-Schieben auch nicht gerade das Gelbe vom Ei sind.«

»Wobei man ja nie weiß«, lacht Wolfgang, »was für ein Gesicht und speziell, was für eine Nase darunter zum Vorschein kommt.« Dann wird er wieder ernst. »Fakt ist jedenfalls, dass Corona mit all seinen massiven Einschränkungen den jungen Leuten mehrere Jahre ihres Lebens raubt. Jahre, die allgemein als die schönsten und aufregendsten überhaupt gelten. Und die sie auch nie mehr zurückbekommen werden. Wozu oft auch noch massive finanzielle Probleme kommen. Denkt doch mal an die Studenten, die auf BAföG angewiesen sind. Dessen Bezug ist an die Regelstudienzeit gebunden. Und wie sollen sie die einhalten, wenn zig Vorlesungen, Seminare und Praktika ausfallen? Da haben die Behörden inzwischen reagiert, das hat aber eine ganze Zeit gedauert. Ganz davon abgesehen: Für sie fällt ja der vergnügliche Teil des Studentenlebens, ich meine Kneipen, Feste und Partys, komplett weg. Dass die nicht nur enttäuscht, sondern zum Teil stinksauer sind, kann man wirklich verstehen. Wenn ich an meine Unizeit zurückdenke – da habe ich wirklich nichts ausgelassen. Ganz allgemein kann man doch sagen, dass wir Älteren uns seinerzeit derart ausgetobt haben, dass die meisten von uns jetzt kaum Probleme haben, sich mit all den nervigen Vorschriften und Einschränkungen zu arrangieren. Speziell, wenn wir dreifach geimpft sind.«

Dabei winkt er dem Kellner und bestellt per Handzeichen noch eine Runde Bier.

»Na ja, wie man's nimmt«, ertönt plötzlich eine Stimme vom Nebentisch.

Unsere Köpfe fahren herum. Da sitzt Maria, die Frau von Jakob. Das Ehepaar mit dem engen Terminkalender, Sie erinnern sich. Kurz darauf kommt auch er von der Toilette zurück. Als er mich erkennt, grüßt er mit einem flüchtigen Kopfnicken. Dann setzt er sich zu seiner Frau, und die beiden bestellen Kaffee. Sie wirken alles andere als glücklich.

»Kommt ganz drauf an«, wiederholt Maria ihren Einwand mit anderen Worten. »Jakob und ich hatten in den nächsten Tagen so viel vor. Die Gemäldeausstellung in Sagerbruckstein, Werke von hiesigen Malern: Gockelbach, Pinsohr und so, habt ihr sicher von gelesen, ist abgesagt. Genau wie das Konzert des Mundharmonika-Orchesters Tremolo und der Vortrag von Professor Schleimer über die einheimischen Wildschneckenarten. Gerade den hätten wir uns so gerne angehört. Und nächste Woche sollte es dann auf die Lofoten gehen. Da wollten wir immer schon mal hin. Aber jetzt trauen wir uns nicht mehr. Was, wenn wir dort positiv getestet werden und in Quarantäne müssen? Nicht auszudenken.«

»Und was macht ihr jetzt so den lieben langen Tag?«, erkundige ich mich, um einen mitfühlenden Gesichtsausdruck bemüht.

»Das ist es ja gerade«, ergreift Jakob das Wort. »Wir haben keinen Plan. Die ganze Zeit zu Hause rumzuhängen, kann's ja wohl nicht sein. Abwechselnd lesen und fernsehen? Und vielleicht einmal am Tag ein Spaziergang? Nein, das ist nichts für uns. Wird echt Zeit, dass man nicht mehr so eingeengt ist.«

Spricht's und wendet sich wieder seiner Frau zu, die eifrig zu seinen Worten genickt hat. Gerade hat sie ihre Tasse zurückgestellt und kramt jetzt hektisch in ihrer Handtasche herum. Schließlich zieht sie ihr Smartphone heraus und klickt mit konzentriertem Gesichtsausdruck eine Weile darauf herum. Auf einmal geht ein Strahlen über ihr Gesicht, und sie verkündet glücklich: »Ich habe gerade in den Regionalnachrichten gelesen, dass die ursprünglich abgesagte Führung durch das Reinhold-Reinberg-Institut jetzt doch stattfindet.« Sie wendet sich wieder uns zu. »Ihr wisst schon, der Erfinder der Baumumfangmessung mittels Laser und der Karpfendicke-Bestimmung bei im Wasser schwimmenden Tieren. Hochinteressanter Wissenschaftler.« Sie blickt auf ihre Armbanduhr, erschrickt sichtlich, zupft ihren Mann am Ärmel und springt auf. »Das fängt schon in zwanzig Minuten an. Komm, Jakob, nichts wie los!« Sie wirft ein paar Münzen auf den Tisch, streift sich rasch ihre Maske über und ist eine Minute später mit ihrem ebenfalls maskenbewehrten Mann zur Tür hinaus.

Wolfgang sieht mich kopfschüttelnd an. »Was war das denn?«

»Du scheinst die zwei gekannt zu haben«, wendet sich Manfred an mich. »Sind die immer so?«

Lächelnd berichte ich, wo und wie Ella und ich die beiden zum ersten Mal getroffen haben und dass sie, solange wir sie kennen, eigentlich immer voll unter Strom stehen. Rund um die Uhr, 365 Tage im Jahr, in Schaltjahren sogar einen mehr. »Der Terminkalender eines Firmenchefs oder Ministers ist nichts dagegen.«

Lachend einigen wir uns darauf, dass die beiden unter uns Senioren eine absolute Ausnahme darstellen und dass ihre pausenlose Hektik nichts an der Tatsache ändert, dass wir selbstständigen Ruheständler von Corona mit all den Einschränkungen im Vergleich zu allen anderen Bevölkerungsschichten noch am wenigsten betroffen sind.

»Es lebe die Freiheit des Alters!«, verkünde ich pathetisch und hebe mein Glas. Was meine zwei Freunde mir unverzüglich nachtun. Und wie immer – mittlerweile kennen Sie das – beenden wir unseren Freitags-Stammtisch mit einem markigen: »Prost!«

JÜRGEN BRATER

PFEIF DRAUF –
morgen hast du's
eh vergessen!

Auch als E-Book erhältlich

Vom Vergnügen, entspannt alt zu werden

208 Seiten
12,99 € (D) | 13,40 € (A)
ISBN 978-3-7423-0446-9

Brater, Jürgen

**Pfeif drauf –
morgen hast du's
eh vergessen!**

Vom Vergnügen, entspannt
alt zu werden

Endlich Zeit für den eigenen Garten. Oder für ausgiebige Urlaube, unabhängig von allen Ferienzeiten. Und lange, nette Weinabende mit guten Freunden – wann immer Sie Lust darauf haben! Moment – das klingt so gar nicht nach Ihrem Alltag jenseits der 60? Weil Sie viel zu sehr damit beschäftigt sind, ermüdende Gespräche über Krankheiten zu führen oder mal wieder auf die Enkel aufzupassen, weil deren Eltern »ganz spontan« etwas dazwischengekommen ist? Schluss damit! Lassen Sie sich von Jürgen Brater in den Ruhestand führen, von dem Sie immer geträumt haben. Pfeifen Sie auf Jammer-Else, sozialen Dauereinsatz und Faltenfreiheit. Denn wenn jetzt nicht der richtige Zeitpunkt ist, das Leben zu genießen – wann denn dann?!

riva

224 Seiten
12,99 € (D) | 13,40 € (A)
ISBN 978-3-7423-0912-9

Brater, Jürgen

Liebling, hast du meine Zähne gesehen?

Aus dem Alltag eines nicht mehr ganz jungen Paares

Hubertus Humpff ist sechsundsiebzigeinhalb Jahre alt und seit elf Jahren mit seiner zweiten Frau Hulda verheiratet. Und obwohl sich die beiden im Grunde gut verstehen, gibt es zwischen ihnen doch so manche Reiberei.
Immer häufiger finden sie sich in Situationen wieder, die es ¬so früher nicht gegeben hätte. So steht Hubert schlimme Ängste aus, wenn seine Frau mit seinem Uralt-Mercedes über die Autobahn rast, Hulda hat sich angewöhnt, das Wechselgeld beim gemeinsamen Einkauf stets centgenau abzuzählen, Hubert versucht, das gemeinsame Liebesleben mithilfe von Tabletten anzukurbeln, und beide trauen sich nicht, dem jeweils anderen zu sagen, dass sie in einem eigenen Bett viel besser schlafen würden.

riva